U0010256

你會比昨天更堅強

心理學家為你量身打造
的自信心練習題

芭芭拉‧馬克威博士
西莉亞‧安佩爾◎合著

林師祺◎譯

方法正確，
人人都可以活出最有信心的自己

本文作者為《內在原力》作者、TMBA共同創辦人 愛瑞克

此書是難得一見具有滿滿行動方案的心理勵志書，也是今年令我印象最深刻的一本！作者在幫助讀者面對焦慮和抑鬱症，指導自我疼惜、挑戰恐懼、扭轉負面思維方面，著重具體可行的方法，讓讀者在不斷的行動之中獲得改善，不使用繁雜、冗長的文字說明，更避免出現令人感到焦慮、喘不過氣來的專業術語，令我一讀就停不下來！

我相當喜歡作者對於自信的定義：即使感到焦慮，成果也不得而知，仍舊願意採取行動，一步步實現重要目標。她認為：「自信不見得要引人矚目，比起外在的誇誇其談，自信心與內在的決心更有關聯」；這與我在拙作《內在原力》觀點一致，每個人本心之中就擁有強大的力量，懂得運用的人即便在安靜與內斂之中，也能溫柔發揮出強大的決斷力與影響力，進而改變許多事情、影響許多人。

當然，培養與改善自信是個漸進的過程，並不是一次的跳升或翻身，只要每天往外站出來一點點，而不是要你站在眾人面前被指指點點。許多人缺乏自信而困在原地踏步，往往是因為陷入一個常見的迷思：以為必須等到有信心的時候，才能採取行動。在作者近三十年的職

業生涯中，無論是通過面對面的治療或透過寫作，已經幫助成千上萬人學會更有自信，而關鍵在於學會設定有意義的目標，並且在執行的過程以及事後都能夠以更善待自己的方式來給自己反饋、從行動中強化自信。

我自己本身也是一位高敏感人、內向者，而此書所指導的方法，許多也是我過去自己曾經用來讓自己擺脫自我懷疑與事後悔恨的做法，因此讀來相當有所共鳴。我也相信這些方法，是可以幫助每一個人能夠走上舞臺、要求加薪、公開發表文章、在人群中站出來的有效方法。

我也相信，讀者們在讀完此書、學會增強自信心之後，儘管未來在生活中與職場上所遇到的挑戰和難題一點也不會變少，但是將擁有比過去更積極而正面的態度來迎接這些挑戰，對於失敗也能處之泰然，不在事後譴責自己而讓自信縮回原點。人生本是一個長期而持續累積的過程，並不會因為一次的失敗而減損我們的價值，我在許多成功人士身上都看到了一個共通點：沒有奇蹟，只有累積。自信心的養成也是如此，只要開始以正確的心態和方法來培養，人人都可以累積出堅實的自我認同感，發揮出強大的輸出效能。

最後，我衷心期盼拿起此書的你，可以透過實際的行動來改善自己的人生。要相信，每個人都可以活出自己最好的版本，同時也不妨礙他人活出最好的他（她）們。這個世界很大，大到絕對可以容得下所有人的成就，不用擠、不用搶。有了正確的心態，必然會有好的選擇、好的行為，形成好的習慣，進而形塑出自己美好的一生。

願原力與你同在！

嗨

自信

我的名字是

嗨

力量

我的名字是

嗨

勇氣

我的名字是

嗨

平靜

我的名字是

嗨

自由

我的名字是

嗨

韌性

我的名字是

嗨

直率

我的名字是

嗨

感恩

我的名字是

嗨

善良

我的名字是

嗨

創意

我的名字是

嗨

慷慨

我的名字是

嗨

快樂

我的名字是

嗨

同理心

我的名字是

快速入門指南

這本書適合你嗎？請在符合的方框內打勾。

☐ 你不說出自己的想法，認為你沒有重要的事情可以分享？

☐ 如果你不確定自己能做到，你會不會心想「我何必大費周章去嘗試」？

☐ 你是否盡量避免與人交談，擔心自己無話可說或表現得很笨拙？

☐ 你是否經常事後清算自己？

☐ 即使沒做錯什麼，你是否依舊拚命道歉？

☐ 是否因為擔心失敗而不敢冒險？

☐ 當你自覺表現不佳時，是否事後花很多時間反芻自己的錯誤？

☐ 是否容易放棄？

☐ 內心的聲音是否告訴你：「我不夠好，我做不到」。

☐ 是否因為恐懼和自我懷疑，不去追求你的目標和夢想？

如果勾選了以上幾個選項，請繼續閱讀，學習效果確鑿的策略，建立自信。

嗨 自信 我的名字是

嗨 力量 我的名字是

嗨 勇氣 我的名字是

嗨 平靜 我的名字是

嗨 自由 我的名字是

嗨 韌性 我的名字是

嗨 直率 我的名字是

嗨 感恩 我的名字是

嗨 善良 我的名字是

嗨 創意 我的名字是

嗨 慷慨 我的名字是

嗨 快樂 我的名字是

嗨 同理心 我的名字是

獻給你，讀者朋友：

願你擁有自信走出去，站起來，大聲說。
這個世界需要你的天賦。

嗨 自信 我的名字是

嗨 力量 我的名字是

嗨 勇氣 我的名字是

嗨 平靜 我的名字是

嗨 自由 我的名字是

嗨 韌性 我的名字是

嗨 直率 我的名字是

嗨 感恩 我的名字是

嗨 善良 我的名字是

嗨 創意 我的名字是

嗨 慷慨 我的名字是

嗨 快樂 我的名字是

嗨 同理心 我的名字是

目錄

前言

研究顯示，我們對人生的所有渴求幾乎都與自信息息相關：職場上的成功、可靠的人際關係、良好的自我感覺和幸福感。但自信是什麼？為什麼如此神祕？為什麼別人有，我們沒有？

在作為心理學家的職涯中，我常發現，無論個案因為什麼問題而來，普遍都有自信心低落的特質。例如有個年輕人感到孤獨，卻不敢約任何人出去。他覺得自己魅力不足、不夠有趣、不夠好玩。另一個案主是成功的商人，當時經歷嚴重職業倦怠。她承接太多案子，任務分配得不夠好，有完美主義的傾向。她因此覺得自己名不副實，更拚命工作彌補不足之處。其實這兩人的問題本質，都是缺乏自信。

案主往往說：「我沒有自信，所以我不可能……【此處插入期望的目標】」你有共鳴嗎？沒有多少人學過信心究竟是如何發揮作用。我們倒果為因：以為我們必須等到有信心，才能行動。所以我很興奮你現在手裡拿著這本書。你終於即將了解自信的真相，了解自信是什麼，又來自何方，以及如何掌握自信這場賽局的規則。無論你的個性或境遇如何，這本手冊將告訴你如何從消極轉變為積極追求自己的目標。

身為治療師，我也很高興有這本書作為參考。我經常指定案主閱讀或從事某些活動，這本書剛好能派上用場。本書以認知行為療法（Cognitive Behavioral Therapy，CBT）和接受與承諾療法（Acceptance and Commitment Therapy，ACT）的最新進展為基礎，但清楚易讀，用容易消化的方式介紹讀者所需的技能。每一章都包含重要的練習、極其實用的執行項目。儘管本書以科學為基礎，但你不會陷入醫學術語或冗長的學術理論中。

我二十多年前認識芭芭拉‧馬克威（Barbara Markway）博士，當時我們服務於聖路易斯大學醫學院的焦慮症中心。當年我是心理醫生，她是博士後研究員，正在修習認知行為療法的進階培訓。馬克威熟練，富有愛心，同時也熱中寫作。她善於用日常用語說明科學資訊，幫助辦公室以外的大眾。

她在強迫症暨焦慮相關疾病中心工作期間，我們與C‧亞利克‧波拉德（C.Alec Pollard）博士和雪洛‧卡明（Cheryl Carmin）博士合著《尷尬至極：克服社交焦慮與社交恐懼》*。馬克威博士後來又寫了另外兩本針對害羞和社交焦慮症患者的書：《再也不怯場》** 和《養育害羞的孩子》***。除了寫作之外，她還繼續提供心理諮商，服務地點從門診醫院到私人診所都包括在內。

馬克威博士幫助成千上萬人建立自信，完成他們做夢都不敢想的事情。我想不到還有誰比她更適合指引你踏上建立自信的旅程。

祝願各位一路順風。

泰瑞莎‧弗林博士
心理學家暨作家
密蘇里州聖路易斯華盛頓大學心理學系客座教授

---

* "Dying of Embarrassment:Help for Social Anxiety and Phobia"
** "Painfully Shy"
*** "Nurturing the Shy Child"

導言

我要坦白一件事。如果要我描述自己，我可能會用有創意、善良、努力不懈和勤奮等詞句，但是有自信恐怕不會排入前十名。因為我想到有自信的歷史名人時，就聯想到浮誇和大膽的人物肖像，我絕對不是這種人。後來我才知道，有自信不見得要引人矚目。事實上，比起外在的誇誇其談，自信心與內在的決心更有關聯。

如今我還頗有自信，但以前可不是。我從小害羞、焦慮，除了親近的朋友和家人，我很少和別人交談。雖然聰明，我在課堂上卻從不舉手回答問題，甚至不敢要求去上廁所。高中時，數學老師對全班說，我是他教學生涯以來碰過最安靜的學生。我覺得很丟臉，每個人都轉頭看我，我滿臉通紅。後來我上了大學，成績依舊優異，卻從未約會，也沒什麼社交生活。我向來對心理學感興趣，有部分原因就是想了解自己。為什麼我這麼害羞、沉默？為什麼我就不能破殼而出？為什麼不能自在坦然？我最後上了研究所攻讀臨床心理學，並獲得博士學位。

一路走來，我接受許多心理治療，事後也證明對我很有幫助。我學會說出想法，了解自己的意見很重要。我還學會，說錯也沒關係。我甚至鼓起勇氣，約我先生出來，如今我們結縭將近三十年。我漸漸變得有自信，只是沒察覺。

我成為心理治療師之後，自然想幫助有焦慮症的人。沒有什麼比幫

助人們學會相信自己，主宰曾經令他們恐懼的事情，更讓我有成就感。我還寫了三本關於克服社交焦慮和害羞的書。

在我近三十年的職業生涯中，無論是通過面對面的治療，或透過我的寫作，我已經幫助成千上萬人學會更有自信。他們都有自己想做的事情——重要的事情、他們重視的事情——卻讓恐懼、懷疑和缺乏自信成為絆腳石。我猜，既然你拿起這本書，你可能有同樣的遭遇。

好消息是你很正常。我知道，當你缺乏自信時，全世界似乎只有你一個人過得很辛苦，其他人都能把日子過得井井有條。其實你不孤單，而且這本書可以幫上忙。我很高興與大家分享，如何建立有意義又自信的人生。

我請朋友兼作家同行西莉亞‧安佩爾（Celia Ampel）協助。因為她很害羞，在密蘇里大學攻讀新聞系時便開始閱讀我的作品。身為記者，她也克服了許多童年時期讓她不知所措的恐懼——她再也不必在打電話前寫好劇本——這種進步泰半要歸功於你即將在本書學到的技巧。雖然共同撰寫，但我們也知道，不斷提醒讀者是誰在發聲，不斷在兩人之間來回切換視角，可能造成混淆，所以本書以我的口吻撰述。

雖然我希望這本書能幫上忙，但你不是讀完之後，就不再懷疑自己。期待擁有不可動搖的自信是不切實際，每個人偶爾都有懷疑自己和缺乏自信的時刻，這是天經地義。這本書能做到的是傳授以科學為基礎的工具，幫助你不至於因為自我批評而躊躇不前。你將學會設定有意義的目標，面對內心的疑慮，不要總是事後批評自己。你能夠走上舞台、要求加薪、寫下那篇部落格文章，或約人出去約會。日後並非事事順風順水，但一切都有可能。而且你不是單獨踏上旅程，我將一路為你指引方向。

嗨
自信
我的名字是

嗨
力量
我的名字是

嗨
勇氣
我的名字是

嗨
平靜
我的名字是

嗨
自由
我的名字是

嗨
韌性
我的名字是

嗨
直率
我的名字是

嗨
感恩
我的名字是

嗨
善良
我的名字是

嗨
創意
我的名字是

嗨
慷慨
我的名字是

嗨
快樂
我的名字是

嗨
同理心
我的名字是

第一部分

—

做好準備

對付自我懷疑既勇敢又值得。有時，你會感到氣餒或害怕，但這只表示你真的很努力，絕對好過因為自信低落而不直接面對人生。本書頭兩章是幫你打地基，之後才能加強自信心。

在第一章中，我們將破除對自信心的常見誤解，了解何謂真正的自信，自信源自何處，最重要的是，你絕對有能力得到自信。你會了解你現在的自信程度，設定起跑線，以此衡量你的成長。當你有勇氣追求自己的目標時，你會發現人生有多大的不同。

在第二章中，你將檢驗哪些事情對你最重要，找到最接近你內心的價值觀，才能根據自己想成為的模樣，制訂相符合的行動計畫。接著你將設定目標，想像另一個沒有自我懷疑的人生，你不會在事業上停滯不前，可以為孩子樹立好榜樣，有能力面對衝突，建立穩定的人際關係，

或在鄰里社區中開創新局面。你會學到這些禁得起考驗的方法背後的科學原理，這些都有助於你不再自我設限，開發最大潛能。好好讚許自己願意啟程上路，我們出發吧！

第一章

了解自信

• •

「如果聽到內心深處有個聲音說，『你不會畫畫。』
更要想盡辦法畫，那個聲音就會閉嘴了。」
　　　　　　　　　　　——梵谷

如果充滿自信，你會做什麼？

賴瑞會開始寫那本一直想寫的小說。
瑞塔會去找上司，要求對方兌現半年前就答應加薪的承諾。
拉香姐會找戀人談談，因為她覺得在感情世界受到冷落。

你呢？
如果你充滿自信呢？花一分鐘寫下你第一件想到的事情。

_____

_____

_____

賴瑞、瑞塔、拉香姐想要得到自信，背後有其他原因。

賴瑞希望抒發他的創造力。
瑞塔想為自己爭取權益。
拉香姐想改善戀情。

我猜你也有你的目標，但自我懷疑、沒有安全感卻讓你退縮不前。所以我才寫這本書，幫你邁開步伐，成為最好的自己。

在這一章，我會闡明何謂自信，說明自信能為你做什麼。我們將一起探索關於自信的迷思，並解釋自信的真正來源。接著，我們將研究自信低落的原因：哪些經歷可能左右你對自己的認定？在本章結尾，你將進行自我評估，確定你目前的自信程度。

從起源說起

自信是種神祕的特質，每個人都想擁有，然而自信究竟是什麼？

多數時候，它被定義成一種感覺。「我相信我能在二十八分鐘內跑完五公里。」這種自信往往與「平靜」「輕鬆」和「有把握」相關。我們覺得有自信，就期望成功達標。

如果把自信定義為某種感覺，親身實踐時，就會進退兩難：因為你不覺得有自信，就不可能試試看。

自信還有另一個定義，只不過沒那麼普遍。「自信」的拉丁文字根是「信任」。帶著信任行事，通常意味著你也不全然確定，只是姑且試試看。你對你所做的事情並沒有十足十的把握——你是放手一搏。換句話說，我們執行的內容才重要，而不是我們執行時的心情如何。

我們可以透過達諾的例子看到這個原則。達諾平時不愛交際，雖然關心影響居住社區的分區規劃問題，但他不喜歡成為焦點，也害怕在市議會說出自己的想法。

然而他提醒自己，這個問題對他本人和鄰居有多麼重要，達諾去參加會議，儘管雙手發抖，依舊表達自己的觀點。他沒等緊張情緒徹底消退，否則可能永遠無法開口。相反地，他因為對自己的信念深信不疑，繼而採取行動，因而得到勇氣。

在本書中，我將使用以下關於自信的定義：**即使感到焦慮，成果也不得而知，仍舊願意採取行動，一步步實現重要目標**。真正的自信結合了勇氣、能耐，以及適量的自我疼惜（self-compassion）。我在往後章節會逐步拆解這個定義。截至目前為止，需要記住的關鍵就是：

行動比心情重要。

行動的指南是價值觀——也就是你關心的事情。

過程比結果更重要。

自信從何而來

社會學家發現，我們對自己的看法往往是由周遭的人形塑，包括家庭、朋友和媒體資訊。但這不表示你無法控制自己有多少自信，事實恰恰相反。

自信源於你對自我的感覺：記住你是誰、你重視什麼，以及你所付出的努力。

研究指出，人們必須在高風險狀況下執行任務，事前某個簡單的思維練習就有助於減少焦慮。此研究由心理學家大衛·克雷斯韋爾（David

Creswell）和大衛‧薛爾曼（David Sherman）主導，他們要求參加者花點時間反思核心價值——例如當個好朋友或尊重環境。然後，每個人寫下他們體現那個價值觀的某段記憶。

即便這些核心價值與手邊的任務毫不相干，做了這項練習的人面臨考試或公開演講等高壓狀況時，腎上腺素濃度遠低於沒做這項練習的人。重要的是，參加者審慎思量自己的本質，而不是空泛的口號，例如「我最棒」。我將在第二章帶大家進行類似的練習。

面對可怕的狀況時，回想真實的自我，有助於減輕壓力。坦雅預定在姊姊婚禮上致詞，她想到所有的目光集中在自己身上就無敵緊張。她擔心雙手發抖，聲音分岔。但是當她預想時，發現自己根本不在乎能否以完美賀詞打動兩百名嘉賓。對坦雅而言，重點是讓姊姊和新姊夫知道她有多愛他們，多希望他們幸福。坦雅牢記這點，在婚禮上起立時，心情相當平靜，那篇發自內心的賀詞更鞏固她最重視的親情。

當然，並非所有的自我懷疑都是壞事！有時，恐懼是信號，指出我們尚未準備好參加重要發表會、朗讀或面試。壓力高漲時，練習你計畫說的話、計畫做的事，腦子就有事情可想。自我懷疑的聲音也可能代表我們需要收集更多資訊，往不同的方向發展，或休息一下。

然而我們通常太過猶豫。一旦經過練習，應該就能夠採取行動，不再糾結於可能出現的問題。這本書將提供方法調整你的心態，讓你充滿自信。

什麼是自信

當你想像一個人充滿自信，可能聯想到他做的是充滿勇氣的大事，例如競選公職、或在露天大螢幕上求婚。但是小事也牽涉到勇氣或膽量。

不張揚的自信

「最會說話，以及想出最棒的點子，兩者間的關聯是零。」

——蘇珊·坎恩[*]

你是否曾經自覺有好點子，卻沒有足夠的信心與人分享？也許你認為自己不夠外向，以為只有健談的人才會受人矚目。

普羅大眾的確更青睞外向的人。內向的人可能更沒有自信，覺得自己格格不入，彷彿有某種缺陷。

幸運的是，多虧蘇珊·坎恩的暢銷書《安靜，就是力量：內向者如何發揮積極的力量》（2019，遠流出版），內向者得到肯定，許多關於內向的人的迷思都遭到質疑。

如果你自認內向，放心，你不需要改變個性，才能更有自信。聖雄甘地曾說過一句睿智的話：「用溫和的方式，也可以撼動世界」。

---

[*] Susan Cain（一九六八～），美國作家、講師。

你不需要時時刻刻都有自信，也不該期望明天就能信心滿滿。其實，自信是選擇根據自己的價值觀行事。

透過我們自己的成就感和他人的肯定，這些微妙的變化逐漸堆疊累積。為了啟動這個良性循環，就要練習自我疼惜：你如何溫柔、耐心地對待孩子或摯愛的人，就如何對待自己。

舉例而言，蘇菲雅和丈夫搬到新城市時，她知道自己想交更多朋友。她聽說附近咖啡館有免費的詩歌研討會，雖然她喜歡寫作，卻不知道該不該參加這個研討會。如果她得在大家面前讀她業餘水準的詩文，那該怎麼辦？

　　蘇菲雅告訴自己，即使不能像其他人那樣大聲勇於發表意見，去就對了。她向同桌的幾個人自我介紹，也試著寫了幾篇，但老師請人自願發表作品時，她沉默不語。活動將近尾聲時，她終於舉手，不過是為了感謝老師舉辦這次研討會。

　　她在回家途中可以選擇不斷批評自己：妳真是怪胎……整晚坐在那裡也不說話……大家可能很納悶妳去做什麼，還會覺得妳不夠友善！這些念頭也許讓她以為這個晚上太糟糕，不該再去參加每月的聚會。

　　或者，相反地，蘇菲雅可以恭賀自己，可以把參加研討會看作大膽的一大步驟──嘿，她可是在所有人面前感謝老師！下個月的目標就是再次參加，和其他人多交流，甚至分享自己的作品。自我疼惜讓她更有自信，我們將在後面的章節探討這個概念。

正如蘇菲雅的例子，你不必為了增添自信而改變個性。自信參雜著複雜的情緒，你可以堅強、大膽，也能誠實、善良和自在。

想想你曾經自我抨擊而卻步不前的經驗。下次可以對自己說些什麼，更疼惜自己？

_____

_____

_____

_____

什麼不是自信

有些人害怕自信，因為我們不想惹惱別人，占用太多空間，總之不想當混帳。但自信不等於傲慢或自戀。事實上，當我們有自信時，往往變得不那麼自以為是。當我們不再擔心自己的表現，更能關注周遭的人。

自信不是說話最大聲，或主導每個時刻，也不是擁有名車或其他財富、地位的象徵。自信深植於你的真正本質，解放你的心，別再過度擔心或自我懷疑。

自信深植於你的真正本質。

務實的自我感知（sense of self）包括對自己的強項和弱點有實事求是的看法。如果某些批評無關你真正重視的價值——例如無視婆婆對妳的髮型有意見——自信便能有效幫助你把無意義的批評拋諸腦後。這不表示你覺得自己已經完美無缺，才忽視所有批評。

23

信心曲線

你曾經認為自己太過自信？以下舉例說明自信的重點在於中庸。自信不足，你會避免嘗試新事物，哪怕風險再小，你都不肯冒險，也會錯過讓你的生活更有意義或更多采多姿的活動。自信過剩 —— 不切實際的信心 —— 又會讓你陷入困境。

我們實際操作看看。想像自己預計上台演講。以下的圖表說明自信和過度自信的差異。

自信	過度自信
我已做好充分準備，我知道我辦得到。	我對這個題材知之甚詳，我不打算準備。
我將盡我所能與聽眾溝通。	聽眾最好喜歡我。
我的解說可能不是完美無缺，但我會從中獲益。	我太完美了，不會犯錯。
我會聆聽聽眾的問題，然後深思熟慮做出回應。	問答時間時，我就即興發揮。
即使我答不出所有問題也沒關係。	我是專家，什麼都知道。

雖然這個例子似乎太極端，卻說明某些重點。第一，自信包括準備工作，必須預先投入必要的心血。第二，自信不表示你不會犯錯；你會，但錯誤不致壓垮你。你會從別人的反饋當中學習。最後，自信也包括傾聽。

相反地，有自信的人可以接受有助益的回應，據此採取行動，又不會覺得遭到冒犯。自我價值不在討論之列時，你就能面對批評，甚至直接拒絕回應，而不受到打擊。

同樣地，自信不表示你一面對衝突，就發動攻擊。你可以堅定表達想法，同時又能傾聽別人的觀點，甚至達成共識。

最後，自信不表示你不會失敗，不代表你能永遠面帶笑容，也不代表你絕對不會有焦慮心情或自我懷疑。自信意味著你自知可以處理這些情緒，並且能消化排遣，克服下一個挑戰。

你認為誰是自信人物的代表？為什麼？

_____

_____

_____

_____

自信不足的原因

自信心低落的問題不在於你。自我感覺不佳的原因五花八門。關於自信的問題形形色色，無論情節輕重，這本書都能派上用場。如果醫生診斷你有焦慮症或抑鬱症，採用其他治療方法之餘也能搭配這本書。

對每個人而言，造成自信低落的因素各不相同，也有不同影響。基因、文化背景、童年經歷和其他生活境遇都有關聯。但是別灰心，雖然我們不能改變過去影響我們的經歷，仍有空間改變想法、期望，累積更多自信。

基因和性格

　　某些影響自信的因素是與生俱來。我之所以提起，不是為了打擊你，而是要讓你知道，你不該為你的自我形象感到自責。

　　研究指出，基因影響我們大腦可以得到多少增強自信的化學物質。某些基因變異可以抑制與幸福有關的神經傳導物質血清素，和暱稱為擁抱荷爾蒙的催產素。與自信有關的性格中，約有百分之二十五到五十來自遺傳。

　　我們某些行為也源自性格。如果你天生容易猶豫、特別有戒心，在陌生環境中，尤其可能出現行為抑制（behavioral inhibition）。面對問題時，你會停下來，確定一切是否如你所料。倘若有任何偏差，你可能轉頭就走。

　　行為抑制不見得是壞事，這個世界也需要不衝動的人。如果你天性謹慎、拘謹，可能比較缺乏自信。一旦你了解自己和書中教導的方法，就能駕馭自己的性情，而不是與之對抗。

人生經歷

　　有些個人經歷可能導致你對自己毫無信心，甚至自覺一無是處。以下將列出幾種。

創傷：身體、性和情感上的虐待都會嚴重影響我們的自我價值。如果你發現自己不斷回想受害經歷，或因此受到折磨、感到羞愧，請考慮求助於合格臨床醫生的治療。

教養方式：原生家庭對待我們的方式，在我們長大多年之後依然有長遠的影響。如果父母經常貶低你，拿你和別人比較，或說你永遠成不了大器，你至今都會這麼認定。家長若有心理健康或藥、酒濫用問題，也會改變子女與世界的關係。

霸凌、騷擾和羞辱：論及外貌、智力、運動能力等層面，孩提時期受到的霸凌有損自信心。成年後遭羞辱的經歷，包括職場的騷擾或同儕對你的輕蔑、貶低，也可能導致你不太肯為自己爭取權益，或追求遠大的目標。

性別、種族和性傾向：許多研究指出，女性所受的教養更讓她們擔心別人如何看待自己，所以比較不肯冒險。種族、文化背景和性傾向也有影響。如果持續受到歧視，或遭到邊緣化，你也會漸漸接受外界的負面、謬誤評論，懷疑自己的潛力、懷疑自己不受到大眾接受。

錯誤的資訊

缺乏自信可能源自不了解自信遊戲的「規則」。好比說我們若以為感到自信，才能表現得有自信，那就注定要失敗。就像先前達諾和市議會的例子，事實恰好相反。

完美主義是另一種導致自信低落的錯誤思維。如果我們認為，在採取行動之前就得設想到所有情況，這些想法便會阻止我們去做自己看重的事情。即使透過這一章學習、理解什麼是自信，什麼不是，也是增加自信的一大步。

　　許多媒體訊息的目的就是讓我們覺得匱乏。公司想推銷產品，首先就是讓你自我感覺不佳，往往先點出你身體的「問題」，而你根本沒想過那些問題。（電影《辣妹過招》就以難忘的片段呈現這個問題。主角在非洲自學多年，不熟悉美國高中文化，看到新朋友站在鏡子前批評自己，她更覺得困惑。一個說：「我的髮際線太奇怪。」另一個又忿忿不平地說：「我指甲的甲床糟透了！」）

　　如今社群媒體無所不在，這些訊息的殺傷力更大。我們以為周遭的人都有完美婚姻、理想事業和超模外表。切記：人們上傳的內容經過大幅粉飾、編輯。人人都有低潮，都會自我懷疑，外貌都有瑕疵，只是不在臉書上宣傳罷了！

> 「我們之所以飽受不安全感之苦的原因之一，就是我們拿自己的幕後雜景與別人的精采片段相比。」

——史蒂芬·傅提克 *

焦慮和抑鬱症

　　焦慮、抑鬱伴隨著自信問題而來很常見。如果你已經確診患有焦慮或抑鬱症，正在接受治療，也可以帶上這本書，或許可以和醫生一起練習。如果你不確定自己是否受到這些問題的影響，我提供了篩選方法，也在最後附上相關資源附錄（見第167頁）。你很勇敢，願意面對妨礙自我肯定的絆腳石，建立自信也有助於減少焦慮和抑鬱。

---

* Steven Furtick（一九八〇～），美國浸信會的基督教福音派牧師兼作曲家。

這段所述的因素中，哪幾項最能引起你的共鳴？

_____

_____

_____

_____

過去哪些事情最嚴重打擊你的自信？

_____

_____

_____

_____

增強自信的好處

　　構成幸福、充實人生的每個要素，幾乎都與自信相關。我接下來將列出幾項有自信的好處，你之後將學到獲致自信的方法。

減少恐懼和焦慮

　　越有自信，越能平息心裡那個「我辦不到」的聲音。你將掙脫這些想法，根據你的價值觀採取行動。

　　如果你曾有自信不足的困擾，可能很熟悉反芻思考（rumination）——就是反覆擔憂、不斷反思已知的錯誤，而且想了又想。過度的反芻思考會導致焦慮和沮喪，因而脫離現實世界。你若充滿自信或行動力，便能打破過度回想的循環，平息心裡批判自己的聲音。

更有動力

建立自信就是邁開步伐，一步一腳印地留下成就感。如果你學會新語言，掌握某項技能，達到健身目標，或為了達成目的克服挫折，就算是有個好開始。

你可能心想，「那是你說的。我高中時期在微積分榮譽班拿A，當時的確引以為傲，不過這件事和現在有何關聯？」回想人生某個關鍵成就，你可能會發現，當時多麼不屈不撓。如果當年能克服逆境，如今你在其他不甚有把握的方面也辦得到。

隨著信心增長，你會發現自己更有動力擴展能力。你依舊會有「如果」的想法：「如果失敗了怎麼辦？」「如果害自己丟臉怎麼辦？」有了自信以後，這些想法不再讓你停滯不前。你反而能一笑置之，採取行動，追求重要的目標有進展時，更能讓你精神為之一振。

更有韌性

處理挫折和失敗時，自信賦予你面對的能力和應對方法。記住，自信不表示你永遠不失敗，但你知道，你可以正視挑戰，不會因此氣餒。即使事與願違，你也不會自責。

你不斷敦促自己嘗試新事物時，就開始理解失敗和錯誤帶來成長。你漸漸接受，失敗是人生的一部分。矛盾的是，你越願意失敗，反而會更成功——因為你不會等一切完美無缺才肯採取行動。越願意嘗試，越

可能成功。

聽起來似乎有悖常理，其實你越有自信，越不會花心思在自己身上。我們都曾走進一個房間，心想：「他們都看著我，批判我。他們不喜歡我，認為我很無知！」其實人們都有自己的心事和煩惱。當你不再庸人自擾，就能真誠地與人交流。

你更能享受人際互動，因為你不會過度擔心別人對你有何印象，也不會拿自己和別人比較。你輕鬆自在也會讓別人放鬆，幫助你們建立更深厚的情誼。

自信也能孕育更深層的同理心。當你專注於此時此刻，更可能注意到約會對象似乎有點沮喪，或者派對角落的朋友似乎需要找人傾訴心聲。你不再忙著自我懷疑，就能伸出援手幫助別人解決問題。

最後一點，自信讓你更了解真正的自己。你可以接受自己的弱點，知道自我價值不會因此有任何改變。你也更能欣賞自己的長處，更加充分發揮。

你的行為將符合你的原則，更清楚人生的意義，知道自己是誰、有哪些觀點。你有能力表現自我、挺身而出，宣揚自己的主張。換句話說，你可以表現出自己最好的那一面。

自信練習手冊：為自己量身打造

　　自信就是了解自己，閱讀本書也是這個原則。可以在書裡塗色、畫線、塗鴉──只要對你有幫助都好！如果買筆記本讓你邊讀邊寫心得，那很好。如果你願意和治療師、配偶或值得信賴的朋友一起練習，也行。不跳過任何一章，仔細閱讀每一頁對你有幫助，但忽略不適用的建議也無所謂。

　　記下本章讓你最有同感的資訊，當成指南，幫助你往下閱讀。如果發現自己腦中充斥負面的念頭，可能要致力於第五章，那一章講述如何改善錯誤的思維模式。如果你不常反芻思考，卻依舊不確定如何逐步接近最害怕的目標，第七章可能對你最有幫助。接下來的自信量表也能幫你想清楚，應該集中精力做哪些事情。

　　按照自己的節奏閱讀本書，只要覺得舒服自在，無論是安靜的社區公園，或可以大聲播放最愛音樂的房間，在任何環境練習都可以。沒錯，這是練習手冊，但你可以帶著玩興閱讀，增加趣味。

自信量表

　　既然你比較了解什麼是自信心，什麼不是，以及自信心為何重要，現在就來找出起點。閱讀下面的每項陳述，如果多數時候都能套用在你身上，就圈A；偶爾就圈B；鮮少發生，就圈C。

我真切了解自己的長處和弱點。	A　B　C
我願意為自己所相信的事情承擔風險。	A　B　C
我會為新的經歷做計畫和準備。	A　B　C
我有辦法應對恐懼和疑慮。	A　B　C

我花時間回憶以往的成功經歷。	A B C
我接受失敗是人生的一部分。	A B C
我可以應付預期之外的改變。	A B C
我很樂意尋求協助和支援。	A B C
我知道我看重哪些事情。	A B C
我的行為通常符合我的價值觀。	A B C
我不會輕易放棄。	A B C
我明白不是每個人都喜歡或贊同我。	A B C
我了解自己與生俱來就有價值。	A B C
我明白挫折是正常的，是可以預期的。	A B C
當我遇到困難時，不會過度自責。	A B C
在嘗試新事物時，我不會因為空想而裹足不前。	A B C

以下是你的分數的說明：

大部分是A：你做得很好，不會讓任何事情阻撓你實現重要目標。這本書將幫助你學到新能力，進一步提高自信。

大部分是B：你處於中間地帶，有時明白自己有所成就，有時卻只注意到自己的不足之處。你的答案指出，你可能會落入減損自信的常見陷阱。本書將幫你找出這些問題，往後才能持續享受自信帶來的好處。

大部分是C：你的自信有點薄弱，但沒關係。記住，沒有人時時刻刻都充滿自信。書中的工具有助於放鬆心情，了解成就，找到處理挫折的方法。你將一步步學到如何設定有意義的目標，如何實現這些目標，如何面對過程中的恐懼。

做完這個測驗，請在底下空白處記下想法或心情。記下你閱讀本書時，特別關注的項目。記住，為自己踏上這個旅程喝采吧！

_____

_____

_____

_____

_____

_____

細細思量你的長處

無論心情多麼低落，記住你有長才和其他優秀特質。試著把長處列成清單，發現自己只想著自身缺點或過錯時，就回想這張清單。

回想別人的讚美，哪些是你沒注意或根本不知道自己擁有的特質？

_____

_____

_____

_____

_____

_____

記住過去的成就。可能是眾所周知的事，例如在班上名列前茅，也可能只有你自己知道，例如默默行善幫助別人過得更好。列出你想到的成就。

想想你努力培養的特質。沒有人是完美的，如果你努力當個可敬的好人，給自己拍拍手，並在底下列出這些特質。

現在你已清楚了解自信:知道什麼是自信,什麼不是,只要有心追求又有多容易實現。下一章是關於你接下來的方向。你將為自己設定目標,了解幫助你實現目標的工具。

以下的具體行動,可供你執行在本章學到的課題和點子。

1. 寫下你最喜歡的自信語錄,放在常看到的地方。
2. 告訴信任的人,你正在閱讀這本書。我敢說,你會發現,不只有你希望更有自信。
3. 哪張照片曾拍下你意氣風發時的模樣?可能是畢業照,可能是小時候剛學會自行車,或能引起你共鳴的任何事物的照片。把照片貼在冰箱或浴室鏡子上,回想當時成功達標所採取的步驟。
4. 在YouTube上觀賞你所崇拜又散發自信的人的影片。
5. 試著一天或一週不用社群媒體,看看是否漸漸不再拿自己與別人相比。

第二章

設定目標，開始行動

• •

「最可怕的時刻，就是在你剛開始之前。」
—— 史蒂芬‧金

　　妮雅長久以來缺乏自信，甚至不再確定自己真正想要什麼。

　　她已經單身五年多。儘管她一直想像自己會嫁人生子，卻又說服自己，也許這些事情不會發生。她害怕約會、害怕遭人拒絕，那種恐懼強烈到她試都不想試。

　　就短期看來，避免約會的確大幅減輕壓力。畢竟妮雅不必再擔心下不了台，或自慚形穢。但是，當她設想自己若擁有無比自信，馬上就能擁有戀情，享受曖昧、約會，最終建立起豐富人生的關係。

　　妮雅決心設定小目標，一點一滴習慣恐懼。他下載約會應用程式，請教友介紹對象。她採取這些行動之餘也漸漸增強自信，很快就開始約會，甚至樂在其中。有些約會很尷尬，或很糟，那也無所謂。妮雅知道，藉由實現這些目標，她漸漸過起她想要的人生。

　　正如你在第一章所學，自信與行動相關。在恐懼、懷疑或缺乏動力

的情況下，如果採取行動很容易，現實人生可能更貼近我們最瘋狂的夢想。幸好我們有許多方法可以提高自信，你在本章中將領略一二。

首先，思考真正重視和渴望的事物：你希望透過自信成為什麼樣的人？然後設定目標，達成願望。

我將在後面章節介紹各種方法。你將學會審視、重新架構負面念頭，致力採取積極作為，一步步接觸恐懼，增加正念，讓心情更平靜。

目標的重要性

你可能已經意識到，你在某些方面有自信，在其他方面卻沒那麼有把握。無論如何，你都需要目標，否則努力沒有重點和方向。

你想實現什麼願望？你可能覺得答案呼之欲出：「我想變得更有自信。」雖然這是理想目標，但過於籠統，不是有用的行動指南。

對自己提出某些問題，是忖度目標的方法：

因為我不夠有自信，拒絕了哪些機會？

_____

_____

_____

_____

_____

如果我更有自信，會追求哪些機會？

哪些活動是因為我缺乏自信而避開？

缺乏自信的另一種方式是恐懼。問問自己，「因為恐懼，我在人生哪些方面限制自己？」

現在你準備得更充分，可以想出符合你的價值觀的具體、務實目標。

具體

一旦心裡有大方向，重要的就是想出可以勾勒成功模樣的目標。這些目標應該可衡量，就知道何時能實現，何時需要更多練習。舉例如下：

大方向：

我想在新職場的人際關係上更游刃有餘。

目標：

人們介紹新同事時，我不要太焦慮。

我可以直視別人。

我不會拒絕別人邀請我共進午餐。

我在休息室有辦法與人閒話家常。

我不再幻想自己老是說錯話。

務實

目標必須務實。不要以為每次演說一定盡善盡美，或永遠不會緊張。你的目標不必完美無缺，否則注定失敗。

但也不表示你就得懷疑自己。寫目標時，當然可以有遠大的志向——你會學到如何拆解成可消化、可執行的分量。別忘了，你只是凡人。

現實也可能迫使我們日後改變目標。例如受重傷可能阻撓你追求真正渴望的工作，或迫使你延遲成家。放棄目標有可能極其痛苦。但是，凡事都不能阻止你活出價值，並根據人生的變化訂定新目標。

符合價值觀

價值觀賦予人生意義，幫助我們在逆境中不屈不撓。然而生活往往不盡如人意，尤其當你缺乏自信。

有時需要省思才知道自己最重視哪些價值觀。以下的問題可以幫助你開始釐清。

你最重視什麼事情？請區分人們認為你該關心的事情，以及你真正重視的事情。

_____

_____

你想在職場上成為什麼樣的人？感情關係中呢？鄰里中呢？

_____

_____

你想擁有什麼樣的人生？

_____

_____

現在，看看底下普世認同的價值觀清單，圈出最有共鳴的三個。

只挑三個可能很難，沒關係。有些選項可以合併——例如，忠誠和坦率可以併入你的核心價值——友誼。如果非得超過三個，盡量控制在六個以下，免得清單太累贅。

接納	熱情	快樂	生產力
成就	平等性	正義	理智
利他主義	合乎道德	仁慈	可靠
藝術性	卓越	知識	足智多謀
覺知	興奮	領導力	風險
美感	表達能力	學習	安全性
勇敢	公平	愛心	志工精神
平靜	信仰	忠誠	沉默
謹慎	家庭	熟練	簡潔
承諾	自由	成熟	嫻熟
社群	友誼	意義	靈性
惻隱之心	慷慨	正念	自發性
自信	感恩的心	自然	穩定性
知足常樂	成長	開放性	力量
聯繫	幸福	樂觀	深思熟慮
創造力	和諧	原創性	理解力
好奇心	健康	耐心	獨特性
可靠性	誠實	和平	誠實守信
尊嚴	謙遜	堅持	真理
紀律	幽默	個人成長	熱情友善
同理心	獨特性	玩耍	智慧
活力	直覺性	實用性	

選好三個核心價值之後，再從中挑一個，花十分鐘寫下這個價值在你心中的意義。探討你為何覺得重要，你在日常生活中又如何體現這個價值觀。

增強自信小祕訣

本書的目標當然是幫助建立長期的自信，但你也可以在重大日子之前運用速成「強力」策略，方法如下。

最愛的戰服：如果有套衣服讓你穿上之後覺得自己身價倍漲，當你面臨最大的自信障礙時，當然要穿上。妙的是，即使參加的是別人看不到你的電話面試，這招也有效。

播放清單：在緊張的大日子中進行早晨例行工作，聆聽能增強自信的最愛歌曲會有莫大幫助。如果這些曲子能讓你想在浴室跳舞高歌，克服緊張情緒，那就更棒了！

獎勵：如果你想逼自己做件需要勇氣的事，答應事後小小獎勵自己也有幫助。「如果我敢邀荷西出來，就買個甜筒當獎品。」如果獎勵是伴隨努力而非結果而來，就能提醒你，行動比成功更重要。

榜樣：想像身邊某個有自信，卻不咄咄逼人或傲慢的人。你會發現，你可以暫時模仿對方的無畏性格。

增強自信的夥伴：提前告訴朋友，你決心要邁出某一步，有助於你確實做到。我之後將進一步討論這個策略。

設定目標

　　牢記核心價值觀是制訂有意義目標的關鍵，我幾年前在某個輔導對象身上就曾見證。

　　賈馬爾因為焦慮問題來找我。他經常懷疑自己，時時憂心忡忡。他對自己的能力也沒有自信，尤其是工作方面。

　　某次，賈馬爾告訴我，公司有意升他。新職位必須領導成員不多的小組，偶爾要在眾人面前發言，以後也會更常出差。

　　起初我以為，若非不安全感，賈馬爾會想接受這個職位。與我討論新工作的條件之後，他也認為只要得到鼓勵、多練習，就能履行這些職責。然而他也提出，新職位的工時更長，出差更頻繁。

　　他有家庭考量：得考慮到他的妻子、五歲的孩子和新生兒。賈馬爾當然重視職涯發展，但陪伴家人更重要。賈馬爾最後婉拒晉升，卻不是出於恐懼或不安。他拒絕，是以價值觀作為行動準則。

　　沒有人可以告訴你應該看重什麼。當然，我們的文化認為，我們要快樂就得擁有更好的工作、更大的房子、更豪華的汽車。不順從社會期盼，反而需要更大的力量和信念。自信不見得需要有「大」動作，「不，此時這個機會不適合我」也可能是自信的體現。

「完成目標所得到的東西，
其實不比你完成目標之後的轉變來得重要。」

——吉格・金克拉[*]

---

[*] Zig Ziglar（一九二六～二〇一二），美國作家、勵志演說家。

現在換你了。以下是你可能考慮增強自信的目標類別。花點時間思考，在空白處做筆記。

我不希望你覺得難以負荷。你可能在每個類別都有目標，或者你目前只想針對一個領域努力。按照本書的步驟，以後再回來檢視其他類別。你會發現，你在某個領域得到自信，其他方面的問題也會迎刃而解。

人際關係

如果你有自信在親友之間徹底體現自己的價值觀，你會怎麼做？會以不同的方式處理衝突嗎？會設定更分明的界線嗎？愛情生活呢？如果你有源源不絕的自信，又會怎麼做？在底下寫下具體、務實、體現價值觀的目標。

親子教養

如果你有信心徹底體現為人父母的價值觀，你會怎麼做？會以不同的方式參與子女的人生？或以不同的方式為他們樹立榜樣？會採取不同的管教方式？在底下寫下具體、務實、體現價值觀的目標。

家庭生活

與父母、手足,以及其他家人的關係中,如果你有信心徹底體現價值觀,會怎麼做?在底下寫下具體、務實、體現價值觀的目標。

_____

_____

_____

_____

工作

如果你有信心在職涯上充分實現價值觀,會做什麼樣的工作?在組織中會扮演什麼角色?你會如何與同事互動?會接受什麼樣的機會?在底下寫下具體、務實、體現價值觀的目標。

_____

_____

_____

_____

社區鄰里

如果你有信心在社區鄰里徹底體現價值觀,現在會做什麼事情?你會參與哪些慈善事業或組織?又會扮演什麼角色?你將如何與人互動,

並以對你最有意義的方式做出改變？在底下寫下具體、務實、體現價值觀的目標。

_____

_____

_____

健康

論及生理和精神的健康時，如果你有信心徹底體現價值觀，會怎麼做？會不顧他人眼光，加入健身房或運動班嗎？即使你不像以前那麼專精，會重拾往日有助於減壓的嗜好或活動嗎？在底下寫下具體、務實、體現價值觀的目標。

_____

_____

_____

生活樂趣

你因為缺乏自信，而在其他方面阻止自己享受人生？例如你不喜歡自己穿泳衣的模樣，所以避免去海邊；又或者因為不想引人注目，就不

慶祝自己的生日。如果有一些事情是你真心想做卻又沒有自信，在底下寫下具體、務實、符合價值觀的目標。

這趟旅程所需的工具

　　既然你已經為自己設定目標，現在就來談談你將用到的工具。本書中詳述的概念和練習是根據其來有自的療法，表示這些方法在縝密的研究報告中都證明有效。儘管底下描述的治療類型各不相同，卻能相輔相成。心理諮詢師經常結合這些不同療法的策略，這些療法的策略也會交織出現在書裡。

　　可能不是每種策略都對你有效，這也沒關係。有些人自然會接受某種類型的治療，並且從該種治療中得到最大助益。所以我才要詳細介紹各式各樣的策略，你就能制訂適合你的計畫。

認知行為療法（CBT）

　　如果你讀過心理學或心靈成長書籍，可能聽過認知行為療法，這是治療抑鬱、焦慮等身心問題廣泛使用的方法。心理學家亞伯・艾理斯*是最早設計臨床療法的人，這些療法旨在改變想法，以免導致不必要的痛苦。心理醫生亞倫・T・貝克**也指出，抑鬱症往往來自不理性的想法。咸認這兩人是認知療法之父，也就是現在所謂的認知行為療法。

---

* Albert Ellis（一九一三～二〇〇七），美國著名臨床心理學家，創立理性情緒療法。
** Aaron T.Beck（一九二一～），認知療法之父。

為何有效

書中所述的方法通過實證，在臨床上有效，也很適合你自己學習。

這些療法都有共同特徵：	對你有何意義：
有研究結果支持	你知道有效
專注於此時此刻	不責怪你的父母
通常是循序漸進	易於理解
針對日常生活的狀況所設計	適用於你的生活
實用的技能	易於付諸行動
通常針對短期	較快有成果

我們看看認知行為療法的行動原則。想像你走在路上，看到有人向你走來。距離接近時，你認出對方是有氧舞蹈課的同學。你抬頭，微笑，揮手，說：「嗨！」她繼續往前走，沒認出你。這種狀況有很多解讀方式，你會對自己說什麼？圈出 A、B 或 C。

A　她一定不喜歡我，我真失敗。

B　她一定沒看到我。

C　她好臭屁，竟然不打招呼。

想像你在每種狀況下的心情。

如果你心想，「她一定不喜歡我。」你會感到難過、尷尬等類似的心情。

如果你心想，「她一定沒看到我。」你可能覺得沒什麼，也許只是有點失望。

如果你圈的是Ｃ，可能覺得火冒三丈。

請注意，這是同一件事。唯一不同之處是你的解讀，或你告訴自己的話。認知行為療法背後的主旨就是，內心獨白（self-talk）很重要。

想一想哪次你覺得比較缺乏自信，填寫以下圖表。

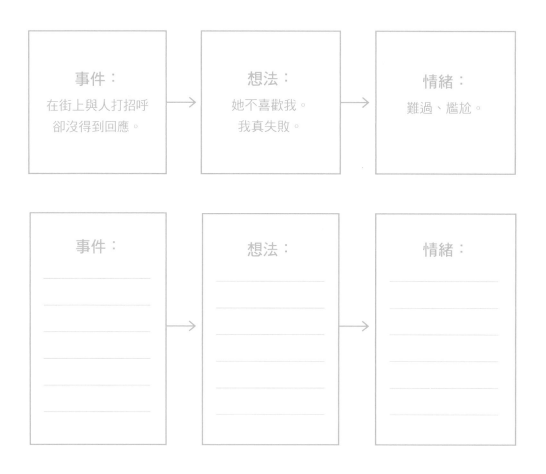

這和自信有何關聯？自信不足往往是基於對某種情況無益或錯誤的解讀。如果你認為有氧舞蹈同學沒向你揮手，是因為你很失敗，以後你就不太可能再冒險向她打招呼或交談。認知行為療法就是找出這些念頭，並且用不同方式表達，因此在建立自信方面往往非常有效。

你在第五章將學會注意到這些扭曲的想法，例如「我試著在會議上發言時，總是出盡洋相。」一旦你發現自己有這些想法，就能逐一擊破：這種想法真的反映事實嗎？能有效地讓你接近目標嗎？你在第六章會發現，想法如何結合、相互作用，繼而形成信念。每個人都有核心信念，卻沒意識到這些信念對我們的行為所產生的影響。我會提供練習方法，幫助你一一檢視你的想法和信念，以免你遭到阻撓，無法實現自信目標。

你將學會，設想更有可能的結果，並了解，即使情況再糟糕，你也能重新振作，展望未來。你會開始讚許自己的積極作為，而不是為了你所認定的錯誤感到內疚。這些心態變化是為了刺激你採取行動，而行動就是自信的基石。

接受與承諾療法（ＡＣＴ）

ＡＣＴ（發音同act一詞）是一九八六年由內華達大學心理學系教授史提芬・海斯柏*所創。就當時的主流心理學而言，海斯的論點頗具爭議，他認為生而為人，痛苦不可避免、也非常重要。他認為，接受這種痛苦，而非逃避，反而更能有效建立有意義的人生。

他對思維的看法也與認知行為療法有所不同。就認知行為療法而言，目的是注意到你的負面想法，才能用更有助益的念頭取代。接受與

---

* Steven C. Hayes（一九四八～），美國臨床心理學家，創立「臨床行為分析」一詞。

承諾療法則不強調想法內容。接受與承諾療法的核心思想是，只要行為不被負面想法支配，你可以學會與不愉快的想法共處。

接受與承諾療法教你不要迴避憂慮、恐懼或懷疑，因為負面情緒只是人生的一部分。對抗焦慮往往導致反效果。如果你曾想過：「為什麼我這麼緊張？我有什麼毛病？」就明白了。

當你發現自己心想「我辦不到」或「肯定一敗塗地」時，就學著察覺這些想法，靜待這些念頭流逝，不認定這些想法是真理。脫離你的負面想法有助於防止與焦慮、抑鬱相關聯的反芻思考，也比較不會為了逃避不適，而在衝動之下沉溺於暴飲暴食等有害行為。

你也許無法驅逐內心批評自己的聲音，但你可以學會無視這種嚴厲的負面情緒，自信地向前邁進，或「採取行動」。

ＡＣＴ有很多優點，這種療法的許多要素將貫穿整本書。切記，我也說過不同療法可以相輔相成。雖然焦慮和「負面」想法並不危險，但學著讓自己更自在並無不妥。第四章將介紹讓你身體平靜的技巧，第五章則教導你如何讓大腦平靜。你的焦慮不會完全消失，但可能會漸漸減少。

「不能不怕，但還是要做。行動才重要。
不必等信心充足才做，放手去做，信心就會隨之而來。」

——嘉麗・費雪 *

暴露療法

暴露療法有時歸類於認知行為療法的範疇，因為這種行為療法的宗旨是幫助人們克服焦慮和恐懼。

你可能聽過心理學家艾德娜・佛哈**，她用暴露療法來治療創傷後壓力症候群。二〇一〇年，她入選《時代》雜誌的世上最有影響力人物。佛哈幫助人們找出觸發最大恐懼的想法和情境，然後和緩地讓患者接觸這些想法和情境。她和其他人已經證明，從蜘蛛恐懼症到舞台恐懼症，暴露療法都很有效，這種方法可以幫助你建立自信。

---

* Carrie Fisher（一九五六～二〇一六），美國知名演員、劇作家和小説家。演藝作品包括《星際大戰》三部曲，小説則有《來自邊緣的明信片》。
** Edna Foa（一九三七～），以色列裔的賓州大學心理學教授，是治療焦慮症的知名權威。

你已經知道，避開形形色色的不適，無法通往幸福、充實的人生。但也不表示你會等不及要出去演講、約會，或做任何你最害怕的事情。

放心，我不會叫你跳進深淵學游泳！研究指出，被迫一下子面對巨大的恐懼，只會讓你飽受創傷，發誓絕對不再嘗試。

暴露療法更像是將腳趾浸入水裡。先從只會引發少許恐懼的第一步開始，習慣恐懼，明白自己有能力面對。才逐漸增加強度，直到最後終於能在泳池游泳。

有些暴露療法是在現實生活中進行。例如我帶某個有懼高症的案主到附近的大樓進行幾次輔導，我們漸漸上樓，直到她能平靜地站在更高樓層的欄杆旁。有時想像某種情境，就足以練習如何面對恐懼。

關鍵是不斷重複；不能面對你的恐懼一次，然後等上一年再試第二次。以下有個例子，寇特沒有自信參加他那行的社交活動，他可以使用暴露療法克服恐懼。

第一週：寇特和他認識的人一起參加業界社交活動，並只停留三十分鐘。

第二週：他和認識的人一起參加，對至少一人自我介紹。

第三週：寇特和認識的人一起參加，自動找三個新朋友攀談。

第四週：寇特獨自參加，向以前見過的人打招呼，再向三個新朋友自我介紹。

第五週：他獨自參加，對五個新朋友自我介紹，隔天再透過電郵與其中一人繼續聯絡，安排一對一的咖啡會談。

第七章將進一步討論如何制訂你的暴露療法目標。現在，先想想你通常會避開的事情。你可以往理想的方向邁開哪一小步？試著把這個步驟分解成更小的單位。希望你養成循序漸進的思考習慣。只要目標離你的常軌不太遠，你更有可能堅持到底。

正念療法

最後介紹正念療法。過去十年以來，在認知行為療法中加入正念，廣受歡迎，也相當熱門。其實早在一九七〇年代，喬・卡巴金*就將正念的原則用在醫療工作。他創辦正念減壓療法（MBSR）**，這種課程幫助數百萬心臟病、慢性疼痛等患者舒緩症狀、身心得到改善。如今正念減壓療法也用於非醫療環境如公司機構，甚至還有針對青少年的正念減壓課程。一九八〇年代末，心理學家瑪莎・林納涵***創造辯證行為療法，在正念的概念中加入「接受」（acceptance）的概念。（第三章將介紹「接受」）。

那麼什麼是正念？正念是以開放和好奇的態度覺察當下，過程中不能帶有任何評判。我知道此時聽起來好像很抽象，放心，絕對不是「巫術迷信」，我稍後會分解成簡單步驟。

---

* Jon Kabat-Zinn（一九四四～），美國麻省理工學院生物學博士、靜觀老師，研究生涯專注身心互動與療癒的關聯。
** Mindfulness-based Stress Reduction。
*** Marsha Linehan（一九四三～），美國心理學家、作家，創立辯證行為療法。

正念的好處是藉由你與周遭重新連結，幫你擺脫內心批判的負面情緒。雖然心裡的念頭多半導致我們憂慮、想太多，當你發現自己又被捲入反芻思考的漩渦時，可以訓練自己回到現實人生。

一試再試

失敗是人生的一部分，而且對你有幫助。如果你不斷迴避風險，可能永遠不會得到有意義的學習或成長。即使最有自信的人也會懷疑自己，但他們依舊勇往直前，不會無所作為，任由恐懼不斷高漲。

將進步當成目標時，很容易忘記，失敗不是後退。錯誤不會造成停滯，反而幫你找到更好的道路。

努力建立自信的過程中，不見得盡如人意。也許你試著在會議上發言，想法卻雜亂無章，導致現場尷尬靜默。或者你試圖更堅定管教孩子，結果他們吐舌做鬼臉，繼續搗蛋。最重要的是趕快重新振作，再次嘗試。

下次面對失敗，不妨試試這個方法：問問自己，我做的哪些事情有效？哪些事情無用？下次可以如何改變？如果你毫無頭緒，求助於你信任的人，請教你該如何改進。

與失敗和平共處，就是放下完美主義，捲起袖子、願意犯錯，直到最終找出有效的方法。沒有什麼比透過自己的努力得到成功更開心的事情，這就是自信。

我將在第四章帶領你進行正念練習，幫助你降低焦慮，面對最大的自信挑戰。現在有個簡單的方法可以開始練習：專注於你的呼吸。

- 注意你呼吸的節奏和感覺。如果你像百分之九十九點九的人一樣，想法會到處漫遊。你會開始思考你的待辦清單，納悶你這麼做是否正確，想到午餐要吃什麼……這都很正常，不代表你做得不恰當。
- 發現自己開始想東想西之後，緩緩將注意力拉回呼吸。關鍵就是溫和。不要說：「我做得太差了。」只是想，「喔，我出神了。沒關係。重新把焦點放回呼吸上。」
- 經過幾分鐘的練習，你可能會發現，你更平靜，更少分心。

現在你知道背後的科學奧義了。許多人透過第二部分即將介紹的方法，提高自信。你可能還半信半疑，我希望你願意試試看。覺得害怕或恐懼時，隨時回來看你列出的價值觀和目標，提醒自己，你所做的努力正帶你走向更美好、更充實的人生。在本書下一部分，你將開始練習這些策略，就從接受自己開始。

以下的具體行動，可供你執行在本章學到的課題和點子。

1. 在接下來的日子裡，記下每件讓你信心受挫的事，並寫下你對這些事件的想法。（你可以隨身攜帶筆記本，或在智慧型手機上記下練習內容）。

2. 每天花幾分鐘練習覺察自己的呼吸，但不要改變任何生活習慣。你覺得空氣在哪裡？有留意到鼻孔裡的空氣嗎？有注意到你的胸腔和腹部的動作嗎？

3. 挑個「增強自信小祕訣」（見第43頁）試試看。

4. 觀看喬‧柯望（Joe Kowan）在TED上的迷人演說「我如何戰勝怯場」（有繁體中文字幕）。

5. 在紙上寫下三大價值觀，並放在你每天都會看到的地方。

第二部分

—

策略

你已經清楚知道，如果更有自信，你會做什麼，接著就談談如何達到目標。第二部分將提供實用、便捷的策略，幫你在人生的不同層面建立自信。

利用第一部分學到的療法所提供的工具，你開始減少畏首畏尾時產生的焦慮。你練習接受自己和生活中發生的事情，而不是與之對抗，或迴避不愉快的情緒。你開始習慣以自我疼惜的心態與自己對談，辨識哪些事情進行順利，不會為了每個小過失自責。

緊張時，你將學會深呼吸，不要逃避，慢慢來，而不是努力想縮小或人間蒸發。正念覺察可以幫助你停止失控的反芻思考，看到眼前的世界。此外，你將學會辨識無用的思維模式和核心信念，重新邁向更有助益的方向。內心批判的聲音如同腦中的乘客，你會學到與之和平共處，留意到自己一定會自我懷疑，卻不因此改變行動方向。

最重要的是，你將朝目標邁進，不再只是空想，而是踏入自信逐漸生根發芽的現實世界。如果你開始擔心或納悶自己是否真能得到幫助，這都很正常。我只希望你試試看，真心誠意付出努力，絕對可以看到回報。你跨出的每一步都有我在一旁加油鼓勵。

第三章

練習接受

• •

「令人費解的矛盾在於當我如實接受自己,我就能改變。」

——卡爾・羅哲斯 *

　　起初,「接受」是一個很難掌握的概念,畢竟你買這本書是因為你想改變。聽到應該練習「接受」,你可能會認為我是要你安於現狀,不必費神改善。一旦你理解「接受」的真諦,將對你往後產生莫大的影響——不僅在建立自信方面,你整個人生都會有所不同。

　　理解「接受」的最好方法,就是用心理學界經常引用的方程式:折磨=痛苦×阻力。

　　想像你被卡在車陣中,就要趕不上某個重要會議了。痛苦真切存在著:你討厭遲到,又無能為力。當你開始自我對話時,阻力就產生了。「我不應該塞在路上,太可怕了。怎麼回事?前面有事故嗎?」你的阻力放大痛苦,製造折磨。

---

* Carl Rogers(一九〇二～一九八七),美國人本主義心理學家,首創非指導性治療,又稱案主中心治療,強調人具備自我調整以恢復心理健康的能力。

一旦你趕上會議，準備簡短介紹專案新進度，胃部開始翻絞。你的大腦開始運轉：「竟然又來了。為什麼我不能像正常人一樣，可以好好開會，不要焦慮？」同理可證，胃痛就是疼痛。抗拒導致你驚慌、無法專心，更可能在做簡報時出錯。

我們往往無法控制痛苦。人生有各種突發狀況，能控制的通常是我們的反應。如果不在痛苦之外加上抵抗，折磨就會少一點。

抵抗的解藥就是接受。

- 接受是願意不帶批判地看清現實。
- 接受不等於認可。
- 接受並不代表你不會採取適當行動。
- 接受不是忍受痛苦。
- 接受是改變的起點。

培養持久自信的第一步是練習接受——接受你的長處、弱點和你自己。我將告訴你怎麼做。

重新檢視目標

現在你已經了解什麼是接受，想想該如何運用在你的生活上。具體而言，回顧你在上一章設定的目標，你認為練習接受可以如何幫助你實現目標，請寫下來。你最近也許自信受到打擊，例如失業。我們可以理解，你會翻來覆去地沉思這件事情有多痛苦。但是盡量接受事實，就能轉移注意力，尋找新機會。

你不需要調整

我畢生致力於追求改善自我。十歲時，我讀起祖母書架上的書，是諾曼·文生·皮爾*的《向上思考的祕密》（2017，柿子文化出版）。後來，我在書店和圖書館的心靈成長叢書區花上好幾個小時，就為了尋找一本讓我覺得「自己已經夠好」的書。在Pinterest問世前，我自己在筆記本裡記下勵志語錄，開了一個名為「自我疼惜專案」的部落格，後來卻發現，自我疼惜不是一個專案項目；是練習，也是過程。

我花了幾十年才知道，我不是殘缺的人；我這樣就很好。沒錯，我設定目標，試著在我看重的領域學習、成長。但現在，我完全接受自己，而且我的自我肯定不來自外界的讚許。

所以我寫這本書其實自相矛盾。我希望（也一定會）提供絕對有助於培養自信的策略和工具。你在第一章也讀到，自信帶來許多好處。然而我也深信，你不是需要解決的問題，更不需要「調整」。希望你讀到最後，也會同意我的看法。

---

* Norman Vincent Peale（一八九八～一九九三），美國牧師兼作家。

想一想「接受」可能有助於你追求目標。

接受你的優點

莉蒂亞發現，即使面對人生中最美妙的事情，自己依然存著惱人的心態：「有什麼蹊蹺？」她贏得業內大型比賽，心想：「今年參賽者肯定不多。」心儀的男子邀約她，她急得焦頭爛額——她相信他做了錯誤決定，很快就會發現她是個大傻瓜。每當別人讚美她，她就轉移話題，把功勞歸於別人。

如果你曾深受自信低落所苦，莉蒂亞可能就像你。不是只有面對生活中的痛苦，我們才會抵抗。許多人也抵制讚美和好運，因為我們自認配不上。女性尤其不願意承認自己的長處，以為承認就等於自吹自擂，或顯得自大狂妄。

接受自己的長處，不是要你拿自己與他人比較。你不必告訴自己，說你是最好的業務、家長或業餘籃球聯賽的頂尖控球後衛。你只是減少阻力，降低人生的折磨。

當你努力工作，不要吝於讚美自己。如果你有好表現或嘗試新事物，就該為自己驕傲。接受自己的長處，有助於你客觀地看待自己的弱點，這是自信過日子的關鍵之一。

認清強項

首先，請根據以下工作表的提示，寫下筆記。

接受你的優點

我得到的讚美：
_____
_____
_____
_____

我所克服的挑戰：
_____
_____
_____
_____

我履行的重要角色：
_____
_____
_____
_____

我處理過的重要任務：
_____
_____
_____
_____

不管是什麼任務，我都愛用的技能：
_____
_____
_____
_____

我幫助別人的經過：
_____
_____
_____
_____

寫完之後，讀一遍，試著找到主題。

請在下方列出自己至少三個強項。

_____

_____

_____

為什麼我們抗拒接受自己的強項

許多人從小以為，接受自己的強項就是驕傲自滿。我們不想吹噓，也不想在別人面前表現得「高人一等」。也許你知道有些事情是你的強項，但你真不覺得有什麼大不了，以為別人只要夠努力也辦得到。

你對自己的強項不以為意，還有其他原因。「如果我對自己說我已經做得夠好，就會安於現狀。」你可能心想：「我不會再鞭策自己進步。」又或者，你不知道自己的優勢有價值，因為不符合你周遭環境的期許。你可能在競爭激烈的企業上班，看不出你有耐性、善於傾聽是有用的技巧——畢竟你沒聽過同事因為泰然自若受到表揚。

一切都是自然而然。不是要你自吹自擂，宣稱自己最棒，也不是要你自認完美無缺，沒有任何進步空間。謹記，自信不等於傲慢。只是知道，無論如何，你都能繼續遵循你的價值觀行事，無論生活中遇到什麼。多數時候，你自己知道即可，不需要告訴別人，「嘿，所以我才那麼了不起。」有時你卻不得不為自己宣傳，才能達到你看重的目標，例如爭取升職。如果你不接受自己的長處，就無法做到這一點。

頌揚強項

我們常覺得自己做得不夠。你開始與他人比較時，可能會擔心你花在孩子身上的時間不夠，不夠努力保持健康，或在職場上爬得不夠高。別再想著夠不夠了，特地撥時間慶祝你做對的事情也很重要。可能是與重要的人一起放鬆，聊聊彼此一天中的小小成就；也可能是寫日記，鼓勵你又更接近目標。

即使只是一瞬間，沉浸在自己的成就中也沒關係。如果你很難接受別人的美言，下次有人稱讚你，就練習回覆簡單的「謝謝」。不只你開心，別人也會高興，因為他們特地點出你的強項，也得到你的肯定。

接受弱點和不完美

每個人都有弱點，而且可以分門別類。有些弱點與生活中的重要事項無關，有些則不然。有些是因為缺乏資訊或培訓，有些是因為缺乏練習。就一定程度而言，有些弱點歸咎於性格或天賦。總而言之，重點就是打好你手上這副牌。

你已經知道，抵抗會放大折磨。儘管你重視的目標需要你公開演說，如果你因為不擅長而逃避，暫時的解脫害你失去長久的滿足，因為少了成長和進步。面對失敗的可能性令人害怕，你可能覺得努力改進也沒有意義。接受弱點之後，你反而不覺得那是可恥缺陷，更像是學習和開發自己的機會。

或許有許多弱點根本不妨礙你活得有意義，你卻依然感到困擾。在這種狀況下，放下羞愧感，承認自己並不完美，更能解放你。如果你肯承認弱點，可能會驚訝地發現人們多有耐心，多樂於助人。假設你是充滿熱情、知識淵博的老師，有時卻無法掌握上課秩序。如果你坦承需要幫助，再加上自我解嘲，學生可能主動幫忙，問題迎刃而解。

認清挑戰

首先，請根據以下工作表的提示，寫下筆記。

辨識難題

我所意識到的弱點：	哪件事情最有可能教我放棄？	什麼原因讓我不斷失敗？

什麼原因阻擋我向前邁進？	可能直指我弱點的回饋：	我逃避哪些角色？

寫完之後，讀一遍，試著找到主題。

請在下方列出自己至少三個挑戰或弱點。

_____

_____

_____

_____

允許弱點

> 「不完美不是不足；只是提醒我們休戚與共。」

——布芮尼·布朗[*]

承認弱點最難之處，是坦然接受別人可能也會看到。有時我們害怕，如果別人真的看到我們——看到我們的狼狽、過錯、失敗——就會全然否定我們。

但研究指出，事實恰好相反。弱點是你與他人建立良好關係的方式。人們看到你擔心、害怕、沒有章法或不完美時，往往覺得如釋重負，還會告訴你，他們也是。

坦然接受不完美，不表示你必須向每個人暴露自己的難題。如果你發現某個缺陷令你羞愧不已，可以考慮向信任的人吐露。你會發現，能夠活出真實的自我，可以大幅減輕肩上的擔子，更能拉近你與周遭的人的關係。

---

[*] Brené Brown（一九六五～），美國作家、教授，著有《脆弱的力量》（2013，馬可孛羅出版）等暢銷書。

基礎腦科學

大腦進化的主要目的是為了保護人身安全。在史前時代，安全就是跟上同伴的步伐。落單走岔路，必死無疑。我們天生會察覺自己與他人的差異，藉此調整行為。

這代表什麼：我們當然會擔心別人的看法。相互比較很正常，雖然這麼做通常沒好處。

我們的大腦深處有個複雜的恐懼網絡。我們的本能會意識到恐懼，並且採取相對應的行動，也就是決定戰鬥或逃跑（fight-or-flight）。大自然的第一考量是我們的人身安全和性命，不是我們這一生是否過得開心。

這代表什麼：我們的焦點更可能放在自己和處境的消極面。我們必須學會有意識地推翻大腦的「負面傾向」（negativity bias）。

我們的大腦有哺乳動物的特質，受到觸發時，會導致「照料和結盟」（tend-and-befriend）的反應。例如，稚幼的哺乳動物天生就會緊跟著母親以策安全。此外，哺乳動物對溫暖、柔軟的撫摸和令人平靜的聲音有反應。

這代表什麼：通過理解這部分的腦科學，你可能在身、心方面都能減少壓力。本章稍後會針對這點提供指導。

採用成長型思維

閱讀每句陳述，圈出最能引起共鳴的那句。

A 凡事只分我擅長或不擅長。

B 只要我願意就學得會。

A 別人給我回饋，我多半都覺得是針對我個人。

B 我多半把別人的回饋當成如何改進的資訊。

A 事情進展不順利時，我就放棄並投降。

B 事情進展不順利時，我當成挑戰。

A 我只做我知道的事情。

B 我對學習新事物保持開放態度。

　　如果你的答案大多是 A，你可能有心理學家卡蘿・杜維克*所謂的**固定型思維**。你認為特質和能力或多或少是天生遺傳，無法改變。你會聽到人們閒聊時提到**固定型思維**——例如「她是天生的諧星」。如果你的答案大多是 B，就是杜維克所說的成長型思維。你相信努力和態度影響你所能成就的事情。

　　如果你認為自己是固定型思維，不要擔心，多數人一開始都是這種心態。幸運的是，即使是面對變化，思維也能有所不同！只要了解這些思維，就足以激勵你挑戰新事物。

　　回顧你挑戰的領域。有沒有什麼事情是可以透過研究、請教別人或上課，增加自己的了解程度？你自己先想一想，不必覺得非做什麼不可。

　　另外，注意自己的內心獨白。你可以換個句子，就能把固定型思維轉為成長型思維。例如：

固定型思維說：「我不太擅長處理衝突。」

成長型思維說：「我到目前為止還不善於處理衝突。」

加上簡單的「到目前為止」或「還沒」，就有改變的空間。

---

* Carol Dweck（一九四六～），美國心理學教授、作家，以其思維模式的心理特質研究聞名。著有《心態致勝：全新成功心理學》（2019，天下文化出版）等。

原諒自己

你求助於這本書，可能是因為曾經擁有自信，現在卻蕩然無存。也許你遭遇重大挫折，或者在你特別看重的事情上鎩羽而歸，改變了你的自我價值認定，不再願意嘗試。

也許不是——也許你這生都深受缺乏自信所困，認定自己絕對不可能成功。無論你一開始是有自信或沒自信，你都會搞砸，都會遭到嫌棄。我們每個人都不例外！自信需要行動，某些行動肯定會失敗。這時你需要的就是原諒自己。

內疚VS.羞愧

學會原諒自己的第一步是了解內疚和羞愧的區別。當你傷害別人時，內疚可能是有益的情緒。你可以看看自己所作所為，然後說：「我不想成為這樣的人。」你可以道歉，改正，將來採取截然不同的行動。

羞恥則源於不同的內心獨白。內疚來自成長型思維（「我做了壞事，但我可以做得更好」），羞愧卻是固定型思維的情緒。羞愧表示：「我就是這樣的人。」

內疚依然讓人心情惡劣，但這種情緒伴隨著接受：你知道搞砸了，你會承認，並試著改變。羞愧通常會導致抗拒。你可能會撒謊、逃跑、怪東怪西、情緒暴走，否則就是逃避。因為羞愧認定行動與自我價值有關聯，我們擔心別人看到我們的羞愧時，會發現我們殘缺不全、不夠格或「很糟」。

每個人都會感到羞愧。許多人都有自慚形穢的心聲，這些聲音不斷

重複我們童年時期聽到的信息,我們甚至沒發現,只有我們自己不斷重播這些資訊。你該擺脫這種內心獨白了,要知道,如果你有缺點、苦苦掙扎或覺得受傷,那是因為你生而為人。樣貌、教養方式、成功事業等,都不妨礙你生而為人的身分,也不會因此不值得被愛。

犯錯乃人之常情

原諒自己的缺點不是一輩子只要做一次,你必須一次又一次地練習,因為以後一定還會有錯!

即使你仔細規劃,世界也會丟來曲球,偶爾犯錯很自然。我們往往以為我們應該更能掌控自己的生活,其實天氣的變化、情緒的波動或某人的粗魯評論都會導致我們狀態不佳。如果你害怕搞砸而不敢採取行動,我將在第五章和第六章教導你如何對付完美主義。

接受你會犯錯的事實,並不表示你不再承擔責任。而是幫你澄清思緒,以便採取有意義的行動。如果你的錯誤傷到人,就要道歉、彌補。否則就意味著要審視哪些努力不奏效,並向他人請教下次怎麼做才能做得更好。你不再浪費時間糾結自己究竟做錯什麼,更有可能找到有創意的解決方案。最重要的是,你會更平靜。

練習自我疼惜

艾綺拉無法讓六個月大的孩子一覺到天亮,寶寶白天又躁動不安,以致很難去公共場所。儘管她已經筋疲力竭,某天早上還是逼自己去親子活動中心。她知道社交很重要,即使對嬰兒也一樣。丈夫說,只要她多出門,心情就會好多了。她去了之後試圖與其他家長交際,無意間聽到他們談論讀了哪些育兒書,他們的孩子最近又有哪些重要的成長里程碑。艾綺

拉回家後心情更差，她連衣服都快洗不完，更別說閱讀最新的育兒書籍了。當晚丈夫回家之後，她哭成淚人兒：「我就是個糟糕的母親。」

你認為艾綺拉需要什麼？

A　一夜好眠。

B　閱讀有關兒童發展的書籍。

C　好好自我疼惜。

如果回答 A 和 C，那就對了。在這裡，你會學到，在你最低潮時，自我疼惜可以幫上忙，給你強大的工具，緩解痛苦的情緒和狀況。

自我疼惜三要素

克莉絲汀・聶夫[*]博士是自我疼惜領域的研究先驅，她發現自我疼惜有三大要素。第一個是正念：就是覺察你很傷心，需要關注。第二是仁慈：你會安慰、鼓勵好朋友或小孩，也應該用同樣的態度對待自己。最後，自我疼惜還包括意識到你不孤單；許多人都有類似經歷。這不是小看你的境遇，而是告訴你，人類就是會歷經千辛萬苦。

六個月大寶寶的母親艾綺拉滿懷擔憂、自我懷疑，沒想到她給自己帶來多大的壓力。邁向自我疼惜的第一步是專注當下，告訴自己：「這真的很辛苦。我已經好幾個月沒好好睡過，沒有人可以在睡眠不足的情況下正常度日。」如果她有以下想法，如「為什麼我的孩子不能一覺到天亮？」甚至「我討厭當媽媽」，也可以不帶評判眼光。下一步，她可以對自己說說體己話。「放寬心，做父母很難，我會支持妳。」對自己說這種話可能很怪，一旦知道這些話多有幫助，你會不可自拔。

---

* Kristin Neff（一九六六～），教育心理學家、作家，著有《寬容，讓自己更好》《馬背上的男孩》（皆由天下文化出版）等。

聶夫博士發現，充滿疼惜的自我對話有個關鍵原則，就是語氣。想想溫暖、友善和支持打氣。此外，觸摸自己的肌膚可以促進安全感，例如將手放在胸口或前臂。這種友善的肢體接觸可以讓身體知道，你站在同一陣線，也準備提供協助，啟動「照料和結盟」的反應。最後，艾綺拉可以提醒自己不是例外。雖然活動中心的家長看起來得心應手，他們可能也有自己的難題。一旦艾綺拉學會接受自己痛苦的情緒，提供自己所需的慰藉，照顧起寶寶就能更放鬆。她的孩子不會突然一覺到天亮，但她可以更有效率地應對。

自我疼惜的障礙

有些人猶豫要不要練習自我疼惜，以為「要是對自己好，我不就整天躺著吃薯片、看電視嗎？」

你呢？勾選可能阻止你練習自我疼惜的障礙：

- ☐ 我以後不會有動力。
- ☐ 我以後無法完成任務。
- ☐ 我不值得自我疼惜。
- ☐ 我會變得怯懦或軟弱。
- ☐ 似乎太放縱了。
- ☐ 可能導致自怨自艾。

這些擔心其來有自，因為我們的文化以批評為動力。在某種程度上，的確有效。你想想，如果棒球教練對你大吼大叫，短期內可能會激勵你，因為你想避開叫罵和羞辱。但是這種方法會漸漸產生問題，過度

批評會讓球員士氣低落，有些人還會產生臨場焦慮。

希望你的人生有教練或導師採取截然不同的做法。你犯錯時，他們不是對你鬼吼鬼叫，而是說：「做得好。雖然你出差錯，但我們可以用以下方法改善。」這種教練不會粉飾你的弱點，只是不做人身攻擊，同時又能解決問題。善意和鼓勵也可以讓你進步。

越來越多的研究指出自我疼惜能夠：

增加生產力：採用自我激勵方式的人發現，他們其實成就更多事情。

減少拖延症：自我疼惜打斷了負面的內心獨白和拖延之間的惡性循環，讓你更可能停止猶豫，著手完成你一直逃避的任務。

增加創造力：體恤、體諒自己可以提高創造力。你更有可能展現自己，秀出真功夫。

以下是關鍵問題：你想對自己成為什麼樣的教練？

歇息一下，自我疼惜

嘗試以下練習：

1. 想一想你正在拚搏的處境。
2. 擺出自我疼惜的姿勢，好比說把手放在心口。
3. 用親切的語氣告訴自己：「這是個痛苦的時刻。」或「現在真的很辛苦。」
4. 深呼吸幾次，讓這些話慢慢沉澱。
5. 告訴自己：「痛苦是人生的一部分，別人也有同樣的感受。」再深呼吸幾次。
6. 最後，對自己說：「此時此刻，願我善待自己，提供自己所需要的全部善意。」對自己不斷重複這些話，直到你全心接受。

如果你做這個練習時覺得有點做作也沒關係。在相關資源附錄（見第167頁），我列出許多自我疼惜的練習，你可以找到合適的項目。

愛自己

你沒想到愛自己有多難——儘管我們有許多缺陷、瑕疵——卻無法無條件地接受自己。然而，為了追求目標、充滿自信地過日子，我們需要愛自己。

我們必須了解，愛自己是個過程，就從此刻做起。並非所有人都是一開始就盡情地愛自己，這也無所謂。

愛是與生俱來的權利

想到我們所有人降生世界時都一樣，這點對我和許多案主都有幫助：我們都孤立無援、伸出雙臂，期待被擁抱、餵養、疼愛。理想的狀況之下，寶寶會馬上被擁入懷裡，聽到父母開心地說：「寶貝，歡迎來到這個世界。我們很高興你來了。」但願我們的需求多半都能得到滿足。愛是與生俱來的權利。

我在醫院工作時，每當有孩子出生，擴音器就會播放搖籃曲。在我現在的辦公大樓，只要有人休育嬰假，家長都會找時間帶孩子來探望同事。大家都會走出辦公室去看他們，抱抱孩子，聽些小故事。新生命有種神奇的力量。

如果我們把自己當新生兒般呵護呢？那會是什麼感覺？可能是什麼狀況？我們的生活會有什麼不同？

一個部落客朋友克莉絲汀・諾艾爾說，我們出生時純潔無辜。而且，「我們依然無辜。當然，我們會把事情搞得一團亂，用各種方式傷害自己和彼此。其實無論先天或後天條件如何，我相信每個人都盡心盡力了。」

如何開始

你如何建立自信，就可以用同樣方法學習愛自己：感覺還不到位，就從行動開始。這可能意味著照顧好你的身體，下一章將更深入討論這一點。也可能意味著努力讓生活變得更輕鬆或更有趣。例如，晚上挑好第二天的服裝、準備午餐，減輕早晨的壓力，這種簡單的小事也是愛自己。你可能心想：「哇，真高興昨天先做了。」——小小的感激之情會讓你自我感覺更良好。

想一想你對另一半或家人如何表達愛。是否用鮮花、禮物或他們擁護的球隊門票給他們送上驚喜？早晨為他們煮咖啡，或在漫長的一天結束時備好他們喜愛的佳餚？現在，把自己想像成親人。你能為自己做哪些善意的舉動？

另一個策略是寫張愛自己的清單——列出能放入一週行程表、又能讓你開心的活動。這些活動可能是泡泡浴、填字遊戲、打高爾夫——能讓你歡欣鼓舞的事情都可以。每當你需要打氣時，就參考這張清單。

愛自己清單：

挑戰恐懼：練習接受

當我們已經習慣不肯相信時，接受現實可能很可怕。所有人都有過這種經驗，寧願逃避現實，也不肯面對。有時我們告訴自己，只要假裝一切安好，問題就會消失。這比了解、處理可怕的事實容易多了，這件事可能是體重增加，遲遲不肯離開不愉快的戀情，或是經濟狀況出問題。但是接受不代表投降，也不是從此必須終身相伴。你越早面對壁櫥裡的怪物，就越早看到它不像你想像的醜惡。無論櫃子裡藏了什麼，你絕對有能力過得充實又繽紛。

接受自己的另一個可怕之處，可能意味著必須反擊他人傳播的資訊。也許有人告訴你，你在某方面達不到要求，你得鼓起莫大勇氣才能反擊：「其實我對現在的自己很滿意。」你內心深處絕對有這種膽識，當你願意散發光芒時，對自己和許多人都有好處。

花點時間想想你對接受自己的恐懼或不安。哪一件事情阻止你接受自己和自己的人生？

就算害怕或擔心你不能接受自己也無所謂。從一點一滴做起，你會發現越做越自然。

接受自己是一生中最有價值的原則之一，本書教導的自信技巧也以此為基礎。下一章將介紹如何用呼吸、儀態等工具來減緩焦慮，在任何情況下都能更有自信。

執行項目

以下的具體行動，可供你執行在本章學到的課題和點子。

1. 表揚自己：把你今天做得很好的三件事寫下來或告訴別人。
2. 下次聽到別人的稱許，說「謝謝你」就可以了。
3. 這一週做一件愛自己清單上的事情（見第78頁），鼓勵自己。
4. 上網進行自我疼惜評量：
   http://self-compassion.org/test-how-self-compassionate-you-are。
5. 在免費的應用程式Insight Timer上，嘗試自我疼惜的冥想。

第四章

讓身體平靜下來

. . . .

「我們的身體會改變我們的思維，而我們的思維可以
改變我們的行為。我們的行為又能改變我們的結果。」

——艾美‧柯蒂 *

　　安德列是某家大企業的行銷總監，卻在公司重組時失業。多年來他
對工作都游刃有餘，也覺得適得其所，現在只能上人力資源網站丟履
歷，並希望人事部經理能注意到他。

　　安德列的背景和工作經歷引起頗大迴響，幾家公司都請他去面試。
但每次似乎都不順利。安德列有幾次答題時支支吾吾。有時，他又覺得
雇主似乎想招聘更年輕的人。

　　安德列開始懷疑自己。他一定是有什麼問題，才會一次又一次遭到
拒絕，畢竟那些職位的工作內容都是他所能勝任。當他向朋友求救時，
他們似乎認為問題不是他的答案，而是他的表現。有個朋友建議他剃掉

* Amy Cuddy（一九七二～），美國社會心理學家、作家、演說家。著有《姿勢決定你是誰》
（2016，三采文化出版）。

鬍子，看起來更年輕。另一個則說他應該更活潑、友善。妻子指出，他緊張時，表現就很冷漠、疏遠。每個善意的建議都讓安德列越來越懷疑自己面試時的表現。他發現，掌握工作內容還不足以找到工作。為了讓人覺得他有自信，他必須稍微調整肢體語言、聲調，甚至儀容所傳遞的訊息。

在本章中，你將學到，要建立自信，除了思想必須做好準備，身體也要跟上。我會教導幫助身體平靜的有效方法，即使是在壓力狀態下如面試，你也能拿出最佳表現。你將學到強大的正念、感恩和放鬆技巧，以及一般自我照護的祕訣。最後，我將介紹幾種有趣的方法，教你用身體姿勢舒緩焦慮，表達自信。

重新審視目標

安德列的小故事引起你的共鳴嗎？想一想，曾在哪個場合，你的肢體語言散發不太有自信的氛圍，或心情緊張到無法發揮潛力。在底下描述前因後果和當時的心情。

正念

我在第二章提到正念，並簡要介紹正念的呼吸練習。回顧一下，正念是有意識地覺知當下，並保持開放、不評判和好奇的態度。這種方法可以將思維導向有助益的方向。你聽過「人如其食」，這個概念也能用在心思上：我們就是我們關注的事物。透過某種方式引導注意力，正念可以幫助你內心更平靜，更有可能處理最艱難的挑戰。透過定期練習所建立的強大正念，是自信工具包中的重要工具。

我想先澄清幾個關於正念的迷思，這些誤解可能會妨礙你以開放的心態閱讀以下章節。

關於正念的迷思

- 練習正念時不需要有特別的信仰。雖然許多宗教都有冥想的儀式（如禪修、歸心祈禱），你在本書學到的版本與宗教無關。
- 正念不是什麼神祕的異國風俗，也不是只有少數特殊人士獨享。你不必盤腿，也無須燒香（除非你想這麼做）。
- 正念不一定牽涉到正規的冥想。有些人一旦開始嘗試正念，就會養成定期冥想的習慣，但不是非做不可。
- 正念並非萬靈丹。隨著正念進入主流文化，似乎有人以為正念力量之強大，舉凡抑鬱症到慢性疼痛都能治癒。雖然正念對許多疾病有幫助，但一般而言，不會單獨用正念治療疾病。如果患有抑鬱症或焦慮症，或有創傷經歷，請諮詢心理健康專家。

你嘗試過正念嗎？

☐ 是

☐ 否

你的經驗如何？

☐ 正面

☐ 負面

☐ 不好不壞

勾選你以前相信的正念迷思：

☐ 正念與宗教有關。

☐ 正念很神祕。

☐ 你必須冥想才能練習正念。

☐ 正念會治好所有的問題。

正念的基礎知識

大多數正念練習的步驟都有共同的指示：

注意力放在當下：為了促進這一點，你要選一個注意的東西。可以是呼吸，也可以是周遭的聲音，身體某一部分的感覺（例如雙手），或整個身體的體驗。

觀察當下的動靜：如果專注於呼吸，注意哪裡的呼吸最強烈——鼻孔、胸膛或腹部。你也可以在吸氣時默唸「進」，在呼氣時默唸「出」。這是溫柔的心理暗示，幫助專心。如果你專注於雙手，可以問：「手覺得溫暖嗎？刺痛嗎？」 藉由專注於當下的感受，更容易擺脫無法改變的過去和不確定的未來。

覺察注意力何時偏離：可能是剛開始練習幾秒鐘或幾分鐘就閃神，但你會醒悟到你陷入冗長的沉思（老闆昨天對你說的話）或簡短的抱怨（腿麻了）。小事！這不表示你做錯。冥想專家雪倫·薩爾茲堡*稱之為「神奇的時刻」，並認為這是重要的一環。一旦注意到思維游離，就有機會做出改變。與其責罵自己「我做得太差」，不如寬待自己，重新開始即可，再次把注意力集中在你的目標上。

就這樣。這三個基本步驟很簡單，但你會發現做起來不見得容易。練習和底下的小祕訣都有幫助。

練習正念的祕訣

如果你是初學者，這裡提供將正念練習融入日常生活的實用方法。先設定目標，每天只花幾分鐘練習正念。如果你想投入更多時間，可以參考相關資源附錄（見第167頁）中有幫助的書籍、應用程式和播客。

找到自己的風格：如果你整天都坐在辦公桌前，在家裡的椅子或墊子上練習正念可能不符合你的需求。邊走路邊做正念練習可能更適合你。

不必照本宣科：有些人有慢性疼痛或其他健康狀況，久坐很難受。雜誌封面照片是打坐的年輕人，但你坐著、躺著、走路或站著時都能練習。聽從身體的聲音，用適合你的姿勢練習。

保持務實的期望：記住，正念不能解決所有問題，也無法讓你的生活始終平靜無波。

---

* Sharon Salzberg（一九五二～），美國著名禪修老師。

一分鐘正念

你可以嘗試以下的練習，每個都不超過一分鐘。

1. 覺察你現在很安全。你有呼吸吧？對。喬·卡巴金提醒我們：「如果你有呼吸，那麼你對勁之處多過不對勁之處。」
2. 深呼吸，想像你吸氣時吸入白光，呼氣時呼出烏雲。反覆重來。
3. 摸摸你的貓或狗，盡情享受你的手觸摸寵物茸毛的感覺。讓寵物無條件的關懷目光滲入你的內心深處。
4. 做涉及五感的「五、四、三、二、一」練習。記下你看到的五樣、聽到的四樣、觸摸到的三樣、聞到的兩樣、嘗到的一樣。
5. 假設你要給朋友寫一封信，盡可能用浮想聯翩的細節描述這一時刻。你注意到周遭有什麼？你會如何安排場景？
6. 將注意力集中在身體的每個部分，從腳趾到頭，每呼吸一次都對自己說：「讓我的腳放鬆……讓我的小腿放鬆……讓我的膝蓋放鬆。」等等。
7. 用餐時花一分鐘時間什麼都不想，只專注於飲食的體驗。慢慢咬，留心菜餚的香氣和味道，以及你對這頓飯的感激之情。
8. 想像有條小溪流過你的身體。每當腦海中突然出現一個想法，把這個想法當成小溪中一片緩緩漂過、漸漸消失不見的葉子。
9. 想想你的手。你的手今天為你做了什麼？察覺你對每隻手的擔憂或評判。現在你的手有什麼感覺？任想法自由來去。
10. 從周圍選一件物品，假裝以前從未見過。帶著坦率和好奇心注意它的顏色、質地、形狀和光影。

希望你會發現一件事：你可能覺得每次的正念練習都沒令你留下深刻的印象，但你會漸漸注意到正念對生活的影響。例如，你會在點擊傳送重要電郵前本能地暫停，或者當你苛刻自己時，會更快調整注意力。正念將引領你更積極、更有自信。

放鬆

壓力會使你覺得失控，因而打擊你的自信。當你覺得力不從心，或面臨意義重大的挑戰，幾乎一定會出現焦慮的身心症狀。心跳加速、手心出汗導致你分心，但透過練習，你可以學到放鬆技巧，舒緩心情。

透過放鬆，不僅可以訓練身體對周遭發生的事件做出不同的反應，你對以往害怕的狀況或任務都有新想法。面對這些狀況，利用以下放鬆技巧做出更好的應對，你就會減少恐懼，提高自信。

橫膈膜呼吸

在正念練習中，我們把呼吸當成錨，但我們並不試圖加以操控擺弄。我們只是覺察、體驗呼吸的感覺。另外還有正規的呼吸技巧，可以幫助你集中注意力，緩和緊張情緒，讓你準備好面對各種信心挑戰。

以下描述的呼吸技巧通常稱為橫膈膜呼吸，名稱由來是隔開胸腔和腹腔的傘狀大肌肉而得名。

關於橫膈膜呼吸，有四個要點需要了解：
1. 用鼻子吸氣和呼氣。用嘴呼吸會增加過度換氣的可能性。

2. 吸氣時，腹部應該向外延伸。可以假想這是為吸入的空氣留出空間。呼氣時，腹部會變平坦，因為空氣被推出去。

3. 集中精神將呼吸放慢到每分鐘大約八到十次。這只是大略的指導原則，不必每次都計時。

4. 呼氣的時間比吸氣的時間長。努力把肺裡所有的空氣推出來。舉例來說，如果你吸氣是數到四，呼氣就要數到六。

　　學習這種呼吸方式最簡單的方法，就是躺在地上或坐在椅子上，一隻手放在腹部，大約就在肚臍的位置。感受手在吸氣和呼氣時的上升和下降，遵循上述要點。每天練習兩次，每次五分鐘。透過刻意選擇以更平靜的方式呼吸，就有機會更清楚思考你對事件的反應，而不是膝反射式的本能反應。

　　在下頁的「放鬆練習日誌」記錄練習狀況。

放鬆練習日誌

用這個表格追蹤呼吸和漸進式的肌肉放鬆練習。記下日期、時間、練習種類，以及開始和結束時的緊張程度，零代表非常放鬆，十代表非常緊張。

日期／時間	練習種類	開始時的緊張程度（零到十）	結束時的緊張程度（零到十）

漸進式肌肉放鬆法

漸進式肌肉放鬆法的目的，是區分肌肉在緊繃和放鬆時的感覺。透過練習，你可以快速掃描身體的肌肉緊張狀態，並能夠根據指令放鬆特定肌肉群。

說明如下：

1. 找個舒適、安靜的地方坐下或躺下。
2. 從橫膈膜（腹部）深呼吸。
3. 按照以下清單，繃緊每個肌肉群。注意緊繃的感覺，保持緊繃五到十秒。
4. 放鬆肌肉。留意肌肉放鬆的感受。
5. 再做一次深呼吸。
6. 對每個肌肉群重複這個程序。

底下是身體的主要區域。只要任一部位感到疼痛，請立即停止，以後都省略該部位。

- 右腳、左腳
- 右側小腿、左側小腿
- 右側大腿、左側大腿
- 髖部和臀部
- 腹部

- 胸部
- 背部
- 右臂、右手、左臂、左手
- 頸部和肩部
- 臉部

整個過程大約需時十五至二十分鐘。記住，目標是真正察覺緊繃和放鬆之間的區別。

一旦你熟悉漸進式肌肉放鬆法，就可以省略緊繃的步驟，只專注於依次放鬆身體每個部位。默默告訴自己要放鬆每一塊肌肉，讓緊繃感自然而然地消失。可以想像肌肉沉重、溫暖的模樣，加強放鬆的力度。這樣就能縮短時間，讓你更快達到放鬆狀態。

用橫膈膜呼吸練習的「放鬆練習日誌」記錄練習經過。

感恩

感恩可能是你能採用的最平靜做法，特別是當你認為沒有太多事情值得感激。第三章中曾提過，我們的大腦會放大負面事件，模糊其他的福分。如果你拿著這本書，食物、住所、衛生設施和安全可能也不虞匱乏。這有多幸運？我們的恐懼可能被放大，練習感恩可以幫助我們縮小恐懼，看到其他順心的事情。

感激正面的好事

自信不足往往與匱乏的心態攜手同行。我們自認不夠美、不夠聰明、不夠自律，也不夠勇敢，無法達成我們想要的目標。其實，我們多數人都有豐富的資源。試試以下辦法：當你發現自己只想著自己的不足，就轉而想想你所擁有的事物。

範例如下：

匱乏的思維：我賺的錢不如我認識的人多。

富足的思維：我有一份工作，三餐不虞匱乏。我有一個家。我買衣服給孩子。我有張舒適的床。我有一支電話和一台電視。我有能力每年去探望外州的親戚。（諸如此類等等。）

現在換你試試看：

匱乏的思維：

_____

_____

富足的思維：

_____

_____

研究顯示，練習感恩可以減少反芻思維，增加活力，提升整體幸福。此外還能改善睡眠，許多人覺得睡前寫感恩日誌很受用。你也可以把數羊的老方法換成數算恩典，剛好用感謝健康、關愛、安全、樂趣和生命意義的想法，取代夜裡最容易出現的焦慮念頭。

創傷後的感激之情

我們都有莫大的痛苦經歷，希望回到過去一筆勾銷：可能是至親的死亡，可怕的事故或失敗的婚姻。這類經歷會改變我們的人生道路，徹底改變我們。這些人生的黑暗面，導致我們在痛苦、恐懼和自我懷疑的路上艱難前行。

但是我們可以修正心態，把注意力放在可怕事件之後的時期。這些巨大的難關往往讓我們見識到自己前所未見的韌性，我們更客觀，也了解生命寶貴、稍縱即逝。我們對他人更溫和、更親切，臉皮變得更厚。我們知道誰真正關心我們，自己真正的核心價值又是什麼。要不是被迫轉換方向，也看不到以前全力以赴的目標有何瑕疵。

關於創傷後成長的研究顯示，感激這些改變可以使我們更堅韌，比較不恐懼，減低報復心，也比較不會沉溺於過去。請注意：沒有人期望你感激那個負面事件。雖然你到頭來可能將痛苦的生活經歷視為變相的祝福，有些事情永遠是悲劇。然而體認到那些黑暗日子綻放的美好事物，更能用開放、勇敢的態度面對未知的未來。

對他人的感激之情

對生命中的人表達感激之情，是最健康的感恩練習。你不僅可以得到感激之情所有上述好處，還能讓別人感受到你的謝意——透過這個舉動，你覺得自己是好人，又能鞏固社交情誼，因此增強信心，並加強了你的社交關係，降低感到焦慮和抑鬱的風險。

嘗試將說「謝謝」的力量融入日常生活。如有以下情況，請為自己加分。

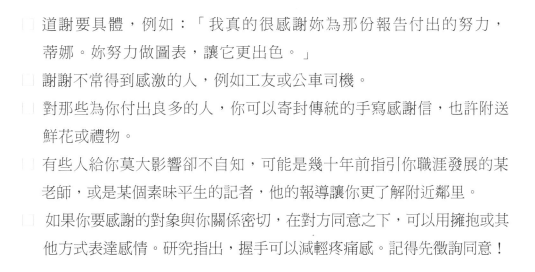

☐ 道謝要具體，例如：「我真的很感謝妳為那份報告付出的努力，蒂娜。妳努力做圖表，讓它更出色。」

☐ 謝謝不常得到感激的人，例如工友或公車司機。

☐ 對那些為你付出良多的人，你可以寄封傳統的手寫感謝信，也許附送鮮花或禮物。

☐ 有些人給你莫大影響卻不自知，可能是幾十年前指引你職涯發展的某老師，或是某個素昧平生的記者，他的報導讓你更了解附近鄰里。

☐ 如果你要感謝的對象與你關係密切，在對方同意之下，可以用擁抱或其他方式表達感情。研究指出，握手可以減輕疼痛感。記得先徵詢同意！

肢體語言

還記得本章開頭那位面試不順利的安德列嗎？他知道履歷能博得青睞，但他本人給人的印象卻讓潛在的雇主不甚滿意。他越擔心，越無法專心推銷自己。幸運的是，科學是站在安德列和你這邊。

當你練習使用姿勢和非語言交流的優勢時，你不僅在別人眼裡看起來更有自信，你自己也覺得更有自信。因為你的站姿、坐姿和動作向大腦發出信號，指出周遭環境是否有著威脅。當你學會安撫情緒時，就有心思專注處理真正重要的事，比如讓面試官驚艷。

非語言交流

如果你缺乏自信，有時身體會搞叛變。你確信人人都能看出你有多緊張，你的每個毛孔都散發出恐懼和缺點。非語言交流的確讓人印象深刻。研究指出，眼神交會、面部表情、手勢和姿態都比語言更能傳送令人難忘的訊息。好消息是你可以控制自己發出的信號，流露自信不如你想像中困難。

要記住的兩個關鍵概念是坦率和熱情。只要記住這些特徵，真實和最好的自己就會自然流露，別人便能看到、聽到並真正理解你。

坦率：當你覺得受到威脅時，身體本能是往後縮。在不知不覺中，你會發現自己駝背，雙臂交抱胸前，或一手放在脖子上。這些動作讓身體處於戰鬥或逃跑模式，導致你焦慮不安。相反地，要提醒自己挺胸。遵從奶奶的建議：坐直，手腳不交叉，盡量不要動來動去。慢慢來，深呼吸，別急著說話。

94

熱情：研究證明，人們馬上就會和熱情、友善的人熱絡起來。一旦這個人得到人們的好感，他們就不太在意對談的小差錯、講話破音或雙手顫抖。害怕時就記住，你已經知道如何表現得友善。微笑，提問，不冷落任何人，直視他們。這就會有很大的差別。

可以請值得信賴的親朋好友提點你，你有哪些不自知的肢體語言。有時我們沒發現自己一緊張，就會在歡樂暢飲時光剝掉啤酒瓶的標籤。這些小動作看起來可能不重要，請記住，這些努力都是為了讓別人看到你的價值和優勢。

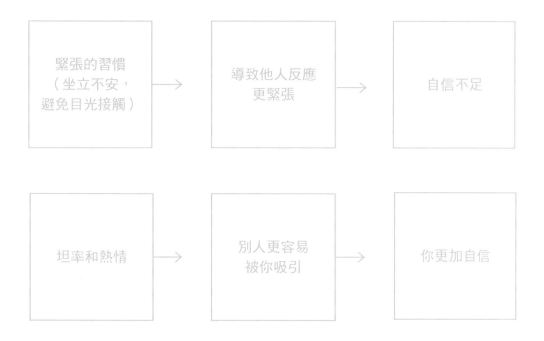

強勢姿勢

如果你看過心理學家艾美・柯蒂在二〇一二年的TED演講「姿勢決定你是誰」（有繁體中文字幕），就知道，你還能用身體為大腦打氣。柯蒂推廣「強勢姿勢」，也就是你有信心危機之前，張開雙臂幾分鐘。聽起來很傻，卻有效果。這個姿勢改變荷爾蒙分泌，讓你覺得更有力量，更願意冒險。

柯蒂不是建議你像個神力女超人，站到擁擠的會議室前面。如果你在重要的面試、演講或約會之前，找個洗手間或其他沒有人的地方，擺出「強勢姿勢」，就能獲得生理學上的回報。以下有兩個姿勢可以嘗試：

神力女超人：雙腳與肩同寬，抬頭挺胸，雙手扠腰，就像超級英雄。

海星：人們衝過終點時，你就會看到這種狂喜姿勢。雙腳與肩同寬，雙臂打成V字形，高舉過頭，盡量伸展自己。

維護身體健康

如果你在壓力下難以保持冷靜，善待身體而帶來的巨大變化可能會令你驚訝。有時，這表示必須改變心態，因為要體貼你的身體需要，就得把自己放在第一位。我們常常不肯花時間運動、放鬆，因為我們忙著把別人的需要放在自己之前。落入這個陷阱時，我會想起航空公司的飛行前指示：先為自己戴上氧氣罩。

睡眠

許多人長期睡眠不足。可能是熬夜完成報告，多洗一籃衣服，或在電腦螢幕前發呆。

對容易自我懷疑的人而言，充足的睡眠至關重要。差別可能是務實思考問題，或是不必要地煩惱無關緊要的小事。

睡多久才夠？雖然許多人需要多達七到八個小時的睡眠，但各人需求不同。一般的通則是如果白天很睏，可能需要更多睡眠。保持規律的就寢和起床時間，也有很大的影響。

許多睡眠專家還建議下午小憩二十到三十分鐘，理由是提高專心度和工作效率。可惜美國企業一般不通融午睡，但如果你在家工作又能小睡片刻，絕對值得試試看。

入睡之前，花點時間放寬心，記得一切安好，沒有缺失。當然，這一天也許有挑戰，但你現在很安全，基本需求都得到滿足。想想你關心的人、關心你的人，輕輕地讓自己放下這一天。

運動

你是否曾經腦袋打結——可能是工作專案卡住或與幼兒纏鬥——散步或跑步回來之後就頭腦清晰，知道該怎麼做了？

這就是運動的力量。運動絕對不僅僅是塑造身材，也是減少緊張憂慮、管理負面情緒，以及前述的解決問題的重要一環。面對壓力時，活動身體是個好方法，因為可以避開無益的精神喋喋不休。關鍵是找到你喜歡的運動種類，不要覺得這是無聊或非做不可、「對你有好處」的苦差事。

如果選有氧運動，可以嘗試游泳、跑步或步行。如果想找促進身心連結的運動，可以考慮瑜伽或太極拳。如果喜歡團體運動，可以找找業餘隊伍。不要忘了小時候喜歡、現在也還能進行的活動，例如騎單車、跳舞，或者在後院追趕愛犬。

健康飲食

真希望我能說世上有種完美飲食可以提升自信，可惜沒有。每個人都得自己找出哪些食物讓他們達到最佳狀態。當然，我們都受益於營養豐富的健康飲食，但不表示你就不能偶爾享受最愛的小點心。吃應該令人覺得愉快；如果發現你太過沉溺在食物中，或是飲食帶給你壓力，請考慮求助醫生。本書後面提供飲食失調的補充資料（見第167頁）。

也許有人會覺得我這是說教，請記住，有些飲食如果攝取過量，反而降低自信。例如適量的咖啡可以提高注意力，過多則會導致緊張不安。除了咖啡之外，還要注意酒精的攝取。許多自信不足的人，尤其在出席社交場合時，會用酒精應對。可惜人們面對社交焦慮所做的事如聚會前喝一、兩杯，就長遠看來，只會導致恐懼無法消退。

在這一章，你學到觀察當下如何阻止思緒游移到過去或未來。你知道呼

挑戰恐懼：安撫身體

本章討論的內容讓你聽起來可能不太有趣。例如有人試過呼吸或正念練習，起初完全不覺得有任何舒緩作用。你可能會想：「與自己飛快的思緒共處，有什麼鎮定效果？」也許閉著眼睛坐著只讓你覺得傻頭傻腦。如果你覺得靜坐不自然，澄清思緒從沒成功過，你絕對百分之百正常。我們的目標不是成為禪宗大師，除非這是你的願望！相反，你只是想在追求目標的過程中，讓你的身體盡量不要唱反調。

本章中的建議還包括改變生活方式，乍看之下可能太困難。請放心，不是非成為馬拉松跑者、或絕口不喝咖啡、或只吃素、或倒頭睡到天亮，才能得到自我肯定。不一定非擁有完美健康狀況才有自信——其實你沒有一件事情做到完美，也能有自信！論及善待身體，小小改變就有重大影響。

花點時間想想你閱讀本章時的恐懼或不安，記下你可以克服恐懼的三個小步驟。

吸、姿勢和其他非語言提示如何誘導身體，告訴頭腦冷靜下來。也許你甚至感謝媽媽教你隨時說「謝謝」、教你多睡點，因為現在你知道這些習慣如何提升自信。

　　你已經進一步了解自己的身體，該探索想法了。一起看看負面思維如何困住我們，阻止我們邁向目標、變得更有自信，我們又該如何克服。

執行項目

以下的具體行動，可供你執行在本章學到的課題和點子。

1. 下次發現自己有幾分鐘的空檔——例如排隊等候時——試試本章的一分鐘正念練習（見第86頁）。
2. 看看能否在一週行事曆中排入九十分鐘的運動。
3. 對從未感謝過的人說：「謝謝。」
4. 在TED.com上觀看艾美‧柯蒂「姿勢決定你是誰」的演講。
5. 設定目標，這週每天都在同一時間就寢、起床。

第五章

探索思想

· ·

「受過教育的特徵就是不接受某個想法，
也能多包容。」

——亞里斯多德

這次升職不可能選中我。

我作為家長很失敗。

沒有人願意和我約會。我這麼糟糕。

聽起來耳熟嗎？如果是，這麼想的人不只有你。許多人不斷與負面思維抗爭。

可惜大多數人不知道如何以健康的方式處理負面思維。我們糾結於自己為什麼不能做到某件事或為什麼不夠好，導致焦慮狂躁，繼而影響表現。我們老想著最壞的狀況，結果成為自我應驗的預言（self-fulfilling prophecy），降低我們的自信，無法拿出最好的表現。

本章介紹的方法可以處理負面思維，以及隨之而來的內心獨白。你將學會如何辨識無益的思考模式，考慮其他更合適的思維。當你檢視、質疑自己的負面思維時，可能會發現背後有更深層的假設。第六章將進一步討論如何處理負面的核心信念。

謹記，本章不是要與負面思維開戰。而是加以辨識，考慮其他可能性，進而解放自己，採取行動，建立自信。

重新審視目標

花點時間重新審視你在第二章為自己設定的目標，是否有任何負面想法阻礙你追求這些目標？是哪些想法？如果你能超脫它們，將為你的生活帶來什麼變化？請寫下你的想法。

_____

_____

_____

_____

負面思維的陷阱

每個人的腦中幾乎隨時都有源源不斷的思緒。多數時候，這些想法沒有好壞可言，有時甚至令人開心。我們要處理的是心理學家所說的**自動負面思維**或**認知扭曲**。這些想法對你沒好處，不是一點也不真確，就是至少毫無幫助。

負面思維本身不是問題，問題是我們賦予這些想法的力量。你可以

相信負面思維，奉為不可動搖的事實，終身背負這種枷鎖。每天在腦海閃過成千上萬個轉瞬即逝的感覺、快速決斷和其他認知，我們也可以把負面思維當成其一。當然，負面思維是資訊，但不是絕對的真理。

為了幫助你辨別、解構負面思維，就來探討這些想法的不同味道。我們以四十歲的莎夏的故事為例，她夢想回大學取得學士學位，卻無法擺脫煩人的疑慮。

做出假設

「如果回學校，班上所有十八歲的同學都會評判我，可憐我。況且我離開校園幾十年了，太久沒上學，一定所有課都不及格。」

莎夏想到大學，立刻做出結論。她能看到未來，而且前途灰暗。但是她有什麼證據相信大學生涯一定不順利呢？做出假設時，通常用不理想的結果填補未知的空白，其實可能也會發生好事。

「應該」

「我這個年齡的收入應該比現在多一倍，我必須振作起來。」

莎夏對自己學歷的壓力，有時衍生的想法包括她「應該」有什麼地位、「必須」或「理當」做些什麼。這些想法似乎很積極：嘿，她可是激勵自己追求某個目標，對吧？其實她只是設定自己已經達不到的僵硬標準。她的「應該」不是出於自我疼惜或她自己的價值觀，而是武斷的標準。

當莎夏真正思考自己看重什麼，工資根本不是重點。她希望透過教育改善自己，追求更有意義的工作。她的「應該」來自於他人的期待，拿自己與同一條街的鄰居相比較，聽信這些想法只會讓她認定自己永遠比不上別人。這種完美主義一定會動搖她的自信，更難往自己的目標邁進。

非黑即白／全有或全無的想法

「如果畢業時沒拿到榮譽獎，現在就不值得努力。到時我就很失敗。」

這時莎夏已經認定，如果沒拿到 A ＋就等於不及格，沒有中間地帶。無論結果如何，這種完美主義的思維注定她要把自己當成失敗者。其實她最後最有可能落在中間地帶，而且在這兩極之間有許多美麗的事物：例如她克服的信念、終將獲得的技能，為目標奮鬥所伴隨的自豪。她會犯錯，但不會因此一敗塗地。學著欣賞自己的成就，不讓錯誤掩蓋其他收穫，她才能繼續向前邁進。

災難化

「如果成為全職學生，我第一個學期就會被退學，也找不回這份工作。接著我會破產，不得不搬回去母親家，我會非常丟臉，只想躺下來等死。」

辨別並記錄負面思維

記錄支出可以幫助你維持預算，寫下負面思維也能幫你盤點腦中的想法和原因。試著持續幾天記錄自動負面思維。隨身攜帶小本子，效果最好，就能在想法一出現時寫下來。

記下腦中最原始的想法。你告訴自己什麼？你擔心發生什麼事情？就算難以用文字表達，還是寫下來：「我不確定我想什麼，但我懷疑是否與 _____ 有關？」寫下幾種可能。

你不必終身都得寫出想法。不過剛開始時，多數人覺得記下來很有幫助。有時只是寫下來，就能抓出不合邏輯之處。（「慢著，為什麼我假設請求上司指導我做這個計畫，她會很生氣？也許她很樂意幫忙。」）有時你可能需要更進一步審視這個想法，評估是否實際，或是你該如何因應。這個想法可能連結到錯誤的核心信念，例如「優秀的員工從不要求協助」。我將在本章和下一章教導你學會深入探究你的想法和信念。

莎夏憂心忡忡的心態，已經從單純的假設跳到想像最壞的狀況，就是導致她頹廢終身的毀滅性失敗。聰明又有幹勁的莎夏會失學、失業，最後回到母親家的可能性微乎其微，甚至可說是荒謬。然而她一旦相信那些想法，有時就會忽略現實。

「每當我想到走進大學教室，就覺得尷尬、愚蠢又慌張。這就證明這不是好主意，我永遠不可能實現目標。」

莎夏很容易任由感覺描繪大學經歷。如果她覺得自己很笨，那就表示她一定很笨。但感覺不是事實。

如果你想向自己證明這一點，想想上次面對一整週陰雨天的經歷。下雨一、兩天後，你可能有點沮喪，內心獨白活像《小熊維尼》裡的傷心驢子屹耳所寫：「噢，何必呢？反正我的人生從沒順利過。」其實你的人生沒有任何改變。你只是相信自己的感覺，而感覺會隨著荷爾蒙、飲食，甚至天氣而變化。

「恐懼喬裝成熟悉感，讓你以為害怕的事物就是已知的事實，
哪裡混沌不明，就用最壞的狀況取而代之，
一旦不自在就用焦慮填補，用假設代替理性。
在恐懼的扭曲邏輯下，無論如何都好過不確定。」

——艾薩克‧李斯基*

---

* Isaac Lidsky（一九七九～），美國演員、演說家、作家、企業家，也是第一個美國最高法院的盲人書記官。

我們能否成功，別人是否喜歡我們，我們的感覺喜歡在這方面編故事。但這些故事往往大錯特錯。

現在你知道自動負面思維的關鍵類型，看看能否從自己的想法中加以辨識。從第二章的清單中挑選某個目標。想一想實現這個目標的過程，在以下空白處列出你想到的任何負面想法和預測。

接著檢視每個想法，看看是否符合本章討論的認知扭曲類別。

負面思維	認知扭曲

打破負面思考模式的六個步驟

　　一旦開始注意到負面思維，就能順利擺脫它們。一開始覺得困難也別沮喪，正如你所知，我們的大腦天生專注於負面。記憶由嗅覺和味覺標示，也由感覺所標示，所以你只要心情惡劣，就容易陷入負面的思想漩渦。你可能覺得像《教父》第三集的麥可‧柯里昂：「每當我以為已經脫身，他們又把我拉回來！*」本章教導的技巧將幫助你訓練自己的大腦不要深陷泥沼。

找出思維謬誤

　　自動負面思維就像吵鬧的冷氣或喧囂的街道。你習慣日復一日聽到那些嗡嗡聲，以致有時甚至沒意識到，所以養成寫下來的習慣很有用。不間斷的背景雜音突然變得明顯時，才能更容易解決，諸如「我夠格嗎？這樣做對嗎？他們會喜歡我嗎？」

　　如果思維謬誤能發出警報，那就太好了，好比說：「嘿，不要相信我。我是自動負面思維。」然而我們起初往往沒意識到自己落入認知扭曲的陷阱，這個想法甚至沒有清晰、易於表達的文字，以致我們沒「聽到」。注意你的心情，如果你發現情緒有變化或是更焦慮，問問自己，「覺得焦慮之前，我正在做什麼？我的身邊發生什麼事情？」放下手邊的事情，留意一下發生了什麼，而且不要批判自己的想法。

　　你寫下這些想法之後，問自己，「支持這個想法的證據是什麼？反駁的證據又是什麼？」看看這個想法是否符合前述的認知扭曲。使用以

---

* 其實在電影裡的意思是：「我才金盆洗手，他們就逼我重出江湖。」

下圖表找出負面思維，加以檢驗。慢慢來，用個一週左右的時間，每次出現負面思維就寫下來。

自動負面思維	支持這種想法的證據	反駁這種想法的證據

用另一種方式表達負面的內心獨白

有時，自問負面思維是否務實，就足以瓦解它，這種方法在考慮到結果時特別有效：如果你預期失敗，通常可以敦促自己看到成功也不無可能。至於其他類型的想法，自問「這是真的嗎？」只會讓你原地踏步。例如，你一直想著「我很醜」，就不會想費時尋找自己是否有吸引力的客觀證據。你永遠找不到。

相反，你要提出不同的問題：「這種想法有幫助嗎？」能幫助你朝目標邁進，或只是阻礙你？對你想要實現的目標是否重要、有無關聯？好教練會說這種話激勵你嗎？

否則就試著用更積極的方式表達這個想法。假設你成年後上游泳課，你可能心想，「我超白癡，六歲外甥女都做得到，我竟然還得拚命學！」罵自己是笨蛋有何感想？有用嗎？不見得——如果你光嘗試就覺得丟臉，一定會放棄。試著告訴自己，「我很勇敢，因為我邁出這一步，學習我一直想擁有的技能。」

用另一種方式表達對緊張也很有用。下次焦慮時告訴自己：「我有這種感覺是因為我很看重即將要做的事，我很高興能朝著目標邁進。」你還是會覺得忐忑，但那種感覺更像興奮，你會記得你準備得多麼充分，又是多麼有能力。

試著在底下空白處用另一種方式表達負面思維。

負面的內心獨白	朋友或明智的良師會怎麼說？

化解想法

你聽過這句話：「不要相信你讀到的每句話。」所以囉，不要相信你腦中每個想法也很重要。以下技巧可以幫助你化解負面思維，或不要太拘泥，你就能往前邁進。

給你的想法貼標籤：不要說「我很失敗」，換成「我有個想法，我覺得我很失敗」。與其說「我這次考試會搞砸」，不如說「我有個想法，我這次考試會搞砸」。你可以進一步遠離這個想法，「我的腦子有個想法……」差異似乎很細微，卻能幫助你了解，你不是你的想法。

讓想法飄走：這個方法涉及想像力。把每個負面想法想像成氣球，想像它飄起來，飄啊飄地飄走。再出現另一個想法時，再把它放在另一個氣球上，看著它飄走。

感謝你的大腦：如果你有焦慮的想法如「希望這架飛機不要墜毀……希望機長很老到」，就說，「大腦，謝謝你。謝謝你努力保護我的安全，但現在你什麼都不必做，我處理好了。」

為你的故事命名：我們的想法常常重複，主題都是同一個故事。也許你的是「我應付不來」。當腦中的想法又順著這個劇情發展時，可以說「哦，這是『我無能』的故事」，然後一笑置之。

唱出你的想法：試著用字母歌或划船歌的旋律唱出你的想法，聽起來肯定很荒謬，這就達到目的了。

現在透過練習，把技巧付諸執行。想想最近某個負面思維，逐一用上述的化解技巧。再使用底下的圖表，根據每項技巧的助益程度評分。

化解技巧	沒幫助	有一點幫助	非常有幫助
給你的想法貼標籤			
讓想法飄走			
感謝你的大腦			
為你的故事命名			
唱出你的想法			

避免以偏概全

注意負面思維已經成為習慣時，尋找絕對的詞語，如**所有、每一個、沒有、從來沒有和總是**。這些詞語通常表示非黑即白的思維，也就是透過擋掉所有美好事物的有色眼鏡看待世界。為了拿掉你的眼鏡，盡量讓內心獨白不偏頗、更具體，就像以下範例所示。如果卡住了，就提醒自己哪件事情做得很好，或者在某個領域已經有進步。

以偏概全：我總是把事情搞砸。
不偏頗的內心獨白：有時事情發展不如我所料，有時進展順利，有時甚至比預期更好。

以偏概全：我很胖，永遠不會有好身材。
不偏頗的內心獨白：我的體重是七十三・五公斤，比年初的時候

輕。醫生說我的血壓很好。沒錯,多運動有好處,可以讓我更有活力。但我已經有了好開頭,早晨運動時又繞著社區多走十五分鐘。

以偏概全:我在聚會上總是不說話。
不偏頗的內心獨白:在熟人不多的聚會,我通常很安靜。一旦認識了某人,我就能侃侃而談。

換你試試看:
以偏概全:

_____

_____

不偏頗的內心獨白:

_____

_____

　　對未來保持清晰、不偏頗的看法也很重要。你可能認為你自知故事結局,「我碰上的事情絕對不順利。」除非你是靈媒,否則你根本無法預知未來。**不確定性**聽起來讓人不舒服,卻是**可能性**的同義詞。真實人生的峰迴路轉可能比任何電影都驚心動魄。

　　試著在你告訴自己的未來之中加入「我想知道」。「我想知道_____,結果會怎麼樣。」如果未知和「如果」開始讓你感到緊張,告訴自己,「我還不需要知道。」你能做的就是盡力做好準備,並且為此感到自豪。

安撫內心的批評者

我們終身無法擺脫內心的批評聲音——但這並不表示他或她有任何權力。以下方法教你拋開腦中討厭的話語，繼續前進。

給內心的批評者取個名字。「嘿，消極的南西，很高興又見到妳。不如妳就坐下來喝杯茶。我做該做的事情時，妳就在這裡坐坐。」幽默很有幫助！

記住這個批評者也是一片好意。好比你內心的批評者說：「別做那個脫口秀現場演出，你會表現得很差。」這是為了幫你避免尷尬，但你明事理，不至於因為有可能失敗就什麼也不做。不要對抗這些想法，否則內心的批評聲音會更響亮。只要說「謝謝你，大腦」。然後繼續往前走。

提醒內在批評者，很多時候，結果都很順利。內心的批評者喜歡問：「出差錯怎麼辦？」你可以反駁：「如果事情進展順利呢？」

健康的應對句

雖然籠統的肯定句如「我是贏家」通常對抗不了負面思維，但有些應對陳述可以讓你鎮靜。像肯定句一樣，應對句積極、正面。但也深植於你真正的信念，你的大腦才更容易接受。

想像最壞的狀況時，試著把注意力集中在應對句，例如「如果……多數人都會接受」（「如果我演講時口吃」「如果我在聚會上說的話很難接」等等任何讓你擔心的結果）。然後提醒自己，「就算不行，我也能應付」——無論結果是不贊成、失望，或其他不利的結果。

我們來看看米雅的例子。朋友邀請她參加泳池派對，她也很想去。自從三個月前生孩子之後，她就不常出門，她想見見朋友。問題是，她「覺得自己很胖」。她以為現在應該能回到懷孕前的體重，結果沒有。她怎麼能讓別人看到她穿泳衣？她的負面思維響亮又刻薄：「每個人都會盯著我看。他們會認為我早該減掉這些贅肉了。」米雅藉由上述步驟，用務實想法取代負面思維頗有成效。然而當她一想到這件事就倍感壓力，所有理性都被拋諸腦後。她沒自信自己有辦法出席，也許她會編藉口不去。因此，她做了一張應對卡，去聚會之前那幾天就能拿出來看：

> 大部分人不會看著我；他們會聊天、開心聚會。我對自己的要求太高了。我要去玩得開心。不太可能有人會批評我，或對我有惡劣的想法，否則就是他們的問題。

想法如何影響自信

本章開頭提到那位想上大學的莎夏，開始察覺自己思維的謬誤，決定申請當地大學。過程並不容易，每當她坐下來寫申請論文時，自我懷疑的小精靈就會跳出來大喊：「妳永遠辦不到！」莎夏聽到這些話後便說：「謝謝你，大腦，交給我吧！」然後繼續寫。

終於準備按下提交鍵的那天，莎夏依然很焦慮。但她不再深信自己會失敗。莎夏利用正念技巧告訴自己：「就看看狀況吧。如果我被錄取了，那就太好了，總之我為自己的努力感到自豪。」自己「說到做到」讓她覺得很痛快：她常向孩子鼓吹教育的價值，也一直想提升自己的能力。如今，她親身實踐了。

莎夏覺得自己其他領域也越來越有自信。當她覺得工作表現不佳時，她知道自責的痛苦來自內心批評的聲音：那只是想法，不是事實。「畢竟，」莎夏想，「我還是我。」無論能否成功拿到大學學位，她的內心深處知道自己是個有價值的人。我們都有內在核心，這個核心不在乎我們的過錯、情緒，或社會地位。這個內在核心明白我們的價值。當我們像莎夏一樣，擺脫負面和不務實的想法時，就可以活出真實的核心自我。

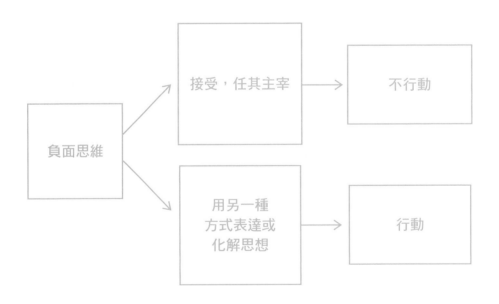

重新審視自我疼惜

現在知道如何降低內心批評者的音量，盡可能增添生活的積極面。以下的策略用自我疼惜幫助你建立自信，朝目標邁進。

讓自己休息一下

在實現目標的道路上，有時會感到力不從心。你會犯愚蠢的錯誤，難以集中精神，或覺得太疲累，無法繼續努力。這時請勿苛責自己，放心，這些日子會過去的。像對待親友般善待自己，說：「你今天做了很多事情。坐下來，喝杯飲料、看個節目，明天再來。」人人都需要休息。

在疲憊的一天之後，你最喜歡的充電方式是什麼？

記錄自己的成就

爬山時抬頭看路程還有多遠，很容易忘記你已經走了多長的距離。往下看你走過的山坡能讓人信心大增，也提醒你：「嘿，如果我能走這麼遠，也許真的能走到山頂！」試著每週一次在筆記本上記錄你的成就。允許自己從小處著手：也許是你和另一行的人喝咖啡，討論轉換工作跑道；也許是姊姊有微詞時，你站出來幫自己辯護。不斷累積這些小小的步伐，才有後來的大改變。

想像前方的道路

　　某個目標讓你感到壓力重重時，這句諺語對你有幫助。「怎麼吃下一頭大象？一次咬一口。」試著寫下你達到目標必須採取的步驟，某些步驟只是問號也沒關係。你可以透過研究、與人討教和積累經驗來填補這些空白。現在只看第一步，**你只要做到這一點。**

　　假設目標是準備參加馬拉松。有時早晨醒來，你可能心想：「我辦不到！」問問自己，「我辦不到什麼？穿上跑鞋出門？我現在只要做到這一點。」如果你一年級就想著高三會有多辛苦，可能六歲就輟學了！等你讀完十一年級，就會發現十二年級似乎沒那麼糟糕。要有信心，梯子的橫檔一個接著一個相連，最後會把你送到你想去的地方。

挑戰恐懼：探索想法

面對負面思維往往就像徒勞無功的任務。你一直試著和內心的批評者合作，對方只是把你推回山腳，重新開始。這種挫折感可能會變成恐懼：「如果負面思維總是扯我後腿怎麼辦？」

你可能也會擔心，反擊負面思維只是自欺欺人。如果你不再聽從那個說你永遠都不夠好的聲音，你就會出去嘗試新的事物，可能會摔得很慘。「看吧？」你會認為，「我早該知道自己做不到！」

寫下你在閱讀本章時油然而生的恐懼。

_____

_____

_____

既然我在這一章提倡務實的思維，我就實話實說：你一生都無法擺脫自我懷疑(至於那一小撮從未經歷自我懷疑的人有個統稱：精神病患者)。但這並不表示內心的批評者將永遠控制你的大腦。如果你不斷練習從本章學到的技能，你就能學會一步步向前走，無論負面的南西（或尼爾）說了什麼。

對，有時你會搞砸。沒有偶爾犯下的錯誤，就不可能有進步。不要因為害怕跌倒，就永遠不踏出第一步。

　　精通內心獨白的藝術。是的，聽起來很奇怪，但你明白其中的道理。與負面思維進行健康的對話，可以幫助你戳破它們，如果無用就不予理會，開心地跨過它們，逕自向目標邁進。在下一章，你將努力破解你告訴自己的故事，而這些故事深植於某些負面思維：那也是你塑造自我形象的核心信念。

執行項目

以下的具體行動，可供你執行在本章學到的課題和點子。

1. 有人發現，具體處理負面思維頗有幫助。在紙上寫下負面想法，然後剪碎，扔進垃圾桶或小心燒掉。
2. 告訴身邊的人，你正試著用另一種方法表達你的負面思維。請他們發現你發表自我否定的觀點時，溫柔地提醒你。
3. 如果你開始「為故事命名」，而且發現主題總是圍繞某些想法，寫下來。這些主題將幫助你在下一章認出你的核心信念。
4. 想想某次你不斷預言會失敗，結果卻順利完成的事。下次當大腦煩惱未來某件事情時，請重溫這個故事。
5. 慶祝勝利！如果你克服許多負面思維，採取行動朝目標邁進，請好好獎勵自己。

第六章

探索信念

「這就是人類：我們質疑自己所有信念，
只有真正相信的除外。我們從未想過要質疑那些信念。」

——歐森・史考特・卡德*

如果你接受過心理治療，就會知道負面想法鮮少單獨存在。開始審視想法之後，會發現那只是扎根極深的樹木的一根樹枝。順著往下爬，並且問自己：「我為什麼這麼想？誰說的？這是打哪兒來的？」最後終於到樹下，達到突破，發現許久以前種下的小種子如何茁壯，如何形成你的世界觀。這棵樹的樹根就是你的負面核心信念。

賈絲敏的朋友們聊到幸福的戀情時，她發現自己越來越激動。她知道應該為朋友感到開心，結果恰恰相反，她覺得受到排擠。男友總愛批評她，她因此覺得自己的意見毫無價值。賈絲敏的朋友不斷勸她分手，她總是立刻回說：「不行，我永遠不能離開他。」

---

* Orson Scott Card（一九五一～），美國著名科幻作家，作品包括《戰爭遊戲》（2013，親子天下出版）等。

自動
負面思維

負面
核心信念

　　某天朋友反駁：「為什麼？分手會怎樣？」賈絲敏泣不成聲,她從未向任何人坦承,但她真的相信,如果和男友分手,就再也找不到下一任。他總是告訴賈絲敏,她永遠不會找到比他更好的人,她意識到這個想法已經在她心裡根深蒂固。但是,朋友告訴賈絲敏,她值得擁有更好的戀情。她和其他人一樣,有權利得到愛和尊重。

　　既然賈絲敏已經深入挖出負面核心信念,她決心以不同的視角看待事情。這就是你在本章即將學到的內容。

重新審視目標

回顧你在第二章設定的目標。你認為找出、重塑核心信念,將會如何幫你實現這些目標?

找出負面消極核心信念

核心信念是引導你走過人生的一般原則和假設。可能是正面積極如「多數人都是好人」,或「只要下定決心,我什麼都辦得到」。也可能畫地自限,欺騙你的大腦,讓你誤以為世界更黑暗、更缺乏可能性。核心信念有許多可能的來源,包括童年經歷、環境因素和天生性格。雖然找出核心信念的來源有幫助,但你不需要找到禍根,就能加以辨識,連根拔起。

普遍的核心信念

缺乏自信的人通常有以下列舉的核心信念。如果清單有一項以上讓你產生共鳴,我之後會教導如何深入探索這些信念。

我沒有歸屬感:童年就遭同儕甚至家人冷落,以後會自覺是「局外人」。成年後,你可能害怕遭到拒絕,避免與人交心,或者可能走向另一個極端,變得過分在意是否能成為團體中完美的一分子。

世界是危險的：這種負面核心信念導致擔憂、不敢冒險。如果認定每個角落都潛伏災禍或厄運，你的活動會受限，也會不斷前思後想以減輕焦慮。你可能高估負面結果的可能性，低估自己的應對能力。

我很失敗／我不夠好：總是自覺不夠好，往往可以追溯到挑剔的父母、同學的欺凌，或常拿自己與他人相比。這種信念導致人們苛求自己，矯枉過正。它還會引發騙子症候群（impostor syndrome），覺得自己是騙子，隨時可能被揭穿。認為自己很失敗的人也容易逃避或拖延，因為他們就能安慰自己：「我沒失敗，我從沒認真嘗試。」

我必須完美無缺：這是「我不夠好」的近親，這種核心信念導致人們不斷鞭策自己，直到身體健康或人際關係亮起紅燈。完美主義者有不切實際的高期待，多半只看得到自己的缺點和失誤。可能很難放輕鬆，常常覺得時間緊迫。

尋找主題

檢視你的自動負面思維的紀錄，注意到有什麼主題嗎？

看看你所記錄的內容是否符合底下清單。勾選你覺得正確的信念，即使你理智上知道這些描述不切實際。

- 我不夠好。
- 我什麼都做不好。
- 我一文不值。
- 我很失敗。
- 我不正常。
- 我不受歡迎。
- 我不討人喜歡。
- 我格格不入。
- 我很孤單。
- 我不重要。
- 我不如別人好。

- 我肯定會遭到拒絕、排斥。
- 我很弱。
- 我比不上別人。
- 我不成功。
- 我什麼都處理不了。
- 我很窩囊。
- 我不能犯錯。
- 我必須做到盡善盡美。
- 我的需求不重要。
- 我不是一個有價值的人。
- 我注意到的其他主題：_____

循線追蹤

「循著」非理性思維「追蹤」是個過程，在這個過程中，你自己、心理治療師或信任的朋友會問你：「然後呢？」

克萊兒部門的多數同事都受邀參加同事週末的產前派對。克萊兒不斷聽到別人談論，很傷心自己沒受邀。她對心理醫生提起這件事，對方提出幾個簡單問題，幫助克萊兒找到不真實的核心信念。

他們不喜歡我。
然後呢？這代表什麼？

我永遠不會有好朋友。

然後呢？這代表什麼？

我永遠無法談戀愛。

然後呢？這代表什麼？

我不討人喜歡。

如果不順著這串思緒往下走，克萊兒永遠不會意識到，同事產前派對帶來的困擾根本與派對本身無關。這是她根深蒂固的信念，認為自己不值得被愛，活該受到冷落。

用你發現的負面想法試試看，也要留意第五章的內心批判的聲音。

我的想法：

_____

然後呢？這代表什麼？

_____

然後呢？這代表什麼？

_____

不斷重複這個過程，直到你找到負面核心信念的根源。

_____

_____

_____

培養更好的自我意識

了解自己的價值觀和目標，有助於培養健康的自我意識，在經歷挫折之後恢復活力，並抵抗周遭施加的壓力。但當你深入探究核心信念時可能會發現，你為了迎合別人期待，擱下真實的自我。以下方法可以讓你探究真實的自己。

設定界線：如果很難拒絕別人，就容易做一堆與你的愛好或價值無關的事情。

習慣獨處：也許你真的很想看某部電影或造訪某個城市，但覺得找不到伴。不要因此裹足不前！

避免比較：留意自己何時覺得比不上別人，記住，每個人都有不同的人生道路。

知道自己的動力是什麼：也許報名早上八點的飛輪課不會讓你特別想運動，你自己也知道。沒關係！用在朋友身上奏效，不見得適用於你，什麼方法能讓你持之以恆，就用什麼方式規劃生活。

拿出叛逆精神：你不必每次都違背他人的期望，甚至也不必常唱反調。然而如果其他人做的事不符合你的信念或價值觀，就鼓起勇氣走另一條路吧！

用你的感覺當線索

雖然辨別、改變核心信念的過程需要你運用大腦，但也要靠情緒指引，否則就不完整。當你的感覺和想法合拍時，才有可能改變。

可惜許多人對情緒抱持錯誤的看法。有時人們害怕自己的心情。內心深處，他們可能有強大、勢不可當的恐懼、憤怒或絕望。他們可能認為自己需要埋藏這些情緒，免得自己遭到摧毀。

那麼你呢？看看底下清單，勾選符合的內容。（如果勾了幾項，甚至全部，別擔心，很多人像你一樣。）

☐ 如果允許自己感受情緒，我會失控。
☐ 情緒──好比憤怒、恐懼和受傷──有害或危險。
☐ 如果允許自己感受情緒，我會深陷其中，無法前進。
☐ 好人不會生氣，好人不會嫉妒。
☐ 我不希望別人覺得我「小題大作」。
☐ 如果別人知道我的真實感受，會認為我很軟弱。

也許你接受的教育有不同的見解，但情緒很重要，並不危險，也不是天生不合邏輯。你的情緒來由可能有非常具體的原因。如果小時候遭到嚴厲批評，你可能無法任由自己感受你覺得有風險的情緒，因為那些情緒會迫使你再次遭人批評或排斥。伴侶或同事對你有一丁點抱怨，你可能都無法承受。在你年幼無助時，這種保護機制很有效。現在你長大成人，你自己或他人可能都無法理解這種強烈的反應。

關鍵在於，看似莫名其妙的強烈情緒反應，就是核心信念運作中的重要線索。如果你能察覺，就會茅塞頓開，便能選擇，也有機會做出不同反應，修正自己的信念。

察覺某種情緒並說出來，這個簡單的行為就能帶來莫大的轉變。「啊，這是憤怒。」「啊，這是恐懼。」幫情緒貼上標籤，可以減弱強度，讓它更緩和、更容易處理。反應強度降低，你就能重新評估自己的信念。例如：「好人真的不生氣嗎？」「我的怒火真的會讓我暴走嗎？」

建立嶄新的核心信念

人生有多少次強迫你重新評估信念？也許你一直堅信前任的新配偶很糟糕，直到你發現他或她其實很疼你的孩子。也許你確信這輩子不會喜歡球芽甘藍，結果某個好食譜改變你的想法。也許你的信仰發生了更重大的轉變，好比你更了解這個世界之後，改變信仰或政黨。

這些信念轉變都需要自我說服。你必須看到，聽到證據，以球芽甘藍為例，你得嚐到，才能考慮改變立場。這個道理也適用於剷除負面核心信念，用積極的信念取而代之。我會告訴你，如何從新角度看待你畫地自限的信念，直到你的想法有所改變。

檢視過去

想到要檢視自己的童年，你可能會翻白眼，但是負面核心信念往往可以追溯到小時候。即使父母已經盡力，有時孩子個性不合也會讓他們感到被冷落，或受到家人批評。在同儕中也一樣。長大成人之後，即使都建立了溫馨的家庭，你也可能不肯甩開童年時期就形成的不真確信念。也許你有藝術天賦，但是父母不鼓勵你走這條路，因為他們認為這是不智之舉。現在你可能會告訴自己，創造力不如賺錢有價值，或是正經的人不搞藝術。過去的那些信念會影響你現在的行為。

這裡有個練習。查看你先前認同的核心信念表，看看能否在過去的經歷中找到與這些感受相呼應的信息，無論這些信息曖昧含蓄或是顯而易見。也許你爸爸從來沒去看過你的棒球比賽，你因此覺得自己不重要，無論他是否這麼說過。也許你媽媽在你童年時期就離開家，導致你現在覺得自己不值得被愛。總而言之，在底下寫下你的情緒。

_____

_____

_____

_____

_____

尋找證據

　　信念成雙成對。如果你告訴自己，「我不夠好」，可以藉由培養它的孿生兄弟「我夠好」來消滅這個信念。尋找證據建立正面的信念：例如因為你的貢獻所致的改變、你克服的難關、愛你和支持你的人。你會慢慢開始轉移焦點，不再只注意自己的缺陷或失敗，而誤以為沒資格實現夢想。

　　試試底下的練習。

我的負面核心信念：

_____

截然不同的正面信念：

_____

支持正面信念的證據：

_____

每當需要強心劑時，就看看這份清單。但是不要就此打住，不斷補充新經歷，擴充證據。當你畫地自限的信念說「我辦不到」時，這招尤其有效。也許你心想：「我沒有運動細胞。朋友邀我參加業餘足球隊，我知道我一定會出醜。」為什麼不試試？幾週後，你可能會證明自己錯了。以後你就知道，你能做的事情比想像中更多。

進行迷你實驗

　　回想一下求學時期的自然課。還記得做實驗的步驟嗎？首先，陳述假設——換句話說，你認為會發生什麼？然後，設計某種程序檢驗假設。接著記錄並檢查結果，看看假設是否得到支持，或該考慮其他原因。你可以用這種方法來培養嶄新的核心信念。

　　剛離婚的綺拉正在努力建立自信，獨自做更多事情。這些年來，她越來越依賴伴侶滿足所有的社交需求。例如，她發現自己從未獨自看電影，更不用說獨自上餐廳吃飯了。某次諮商時，她談到很想看某部紀錄片，卻沒勇氣自己去看。我問她為什麼，她說：「沒有人單獨去看電影。電影院都是情侶或一群朋友。」我進一步追問，才發現她認為沒用的人才獨自行動。

　　如果我告訴綺拉，有些人就獨自看電影，她肯定聽不進去。相反，我問她是否願意做個迷你實驗。我們制訂計畫，她晚幾分鐘進電影院。因為她自認無法忍受單獨在大廳排隊或等候，晚點到就不會遇到等待的人潮。買到票坐到最後一排，收集「資料」就可以隨時離開。

　　綺拉的任務是清點落單的人數。如果光線足夠她注意到這些人的特徵，就把她的觀察也記下來。他們看起來像沒用的人嗎？他們表現得像沒用的人嗎？他們做了什麼吸引目光的事情嗎？或只是坐著觀賞電影？

下次諮商時看到綺拉，我祈禱電影院裡真的有人獨自看電影。果然，綺拉數了數，有六個人單槍匹馬。我問她，是否有人看起來很沒用，她笑著說：「不知道。我看電影看得入迷，根本沒留意。」綺拉猜到我的想法，又補充：「就像我沒留意他們，其實也沒人會注意到我。」

結果證明這個方法很有效，改變了綺拉的信念，讓她離婚後重拾信心展開新生活。

關注好的那面

人類當然是情感的動物，想理性看待自己的信念有時也不管用。這時候就該訴諸情感。

再次關注負面信念的相反面。回想正面信念感覺相當真實的時候，無論這種感覺是不是稍縱即逝。例如，你的負面信念是「我不夠好」，就回想你自我感覺很棒的時候。花幾分鐘沉浸在這種心情中，提醒自己，你可以，也一定能再次擁有這種感覺。

即使不想承認，也請允許自己接受正面信念的新證據。也許你得到夢寐以求的面試機會，直覺告訴自己：「這只是僥倖。他們永遠不會雇用我。」與其馬上變得負面消極，不如花點時間承認雇主對你的履歷印象深刻，所以想見你。客觀看待自己的缺點，是調整信念，讓自己的觀點更務實、更自我疼惜的關鍵。

人人生而平等

「自信就是權利。權利這個詞名聲不好，
因為它幾乎專屬於沒用的富二代……
權利本身並不糟，權利就是相信你值得。」

——敏迪·卡靈[*]

　　自信的基本信念之一是「作為一個人，我的價值與其他人都一樣」。這不代表你不必為自己想要的事物而努力，當然也不表示人生的回報會平均分配。但這個信念確實意味著你和其他人都一樣，都有權利捍衛自己、追求夢想、享受生活，以你看重的方式做出貢獻。

　　有時你無法想像自己能和崇拜的人並列。你認為「某某某做得很好，但是我永遠做不到，我就是沒有那種合宜要件」。這種信息浮現腦海時，不要任由它們閃過，要阻止它們，質疑它們。「合宜要件」是什麼？

　　也許你認為自己不適合人生中某個角色，因為你不符合某種特定模式：你沒有「合宜」的背景、你沒有「合宜」的朋友、你沒有「合宜」的外貌，或你沒有「合宜」的性格。你甚至想都沒想過就把自己排除在外，如果實地驗證，可能會發現這些限制根本不存在。

　　沒錯，有些夢想確實會過期。從未打過棒球的五十歲中年人不可能進入大聯盟。即使有成功的潛力，打破既有窠臼也很辛苦——問問曾是

---

[*] Mindy Kaling（一九七九～），美國喜劇演員、作家、導演，作品包括《爆笑辦公室》《瞞天過海：八面玲瓏》等。

圈子裡的唯一女性或有色人種吧。不要拒絕追求夢想，即使別人說你永遠做不到，持續奮力爭取。只要辛勤付出，就會成功。

挑戰恐懼：探索信念

質疑長久以來彷彿是基本真理的信念很可怕。當你先前努力尋找支持積極信念的證據時，可能就覺得不知所措。因為負面信念是留在舒適圈的好藉口，「反正永遠不會成功，試了也沒意義！」開始放棄負面信念時，你可能突然覺得很脆弱。因為沒有理由不嘗試，而嘗試可能意味著失敗。

寫下你在閱讀本章時油然而生的恐懼。

拒絕接受正面信念很正常，因為你害怕自己一旦「接受」，就會遭到侮辱。然而負面核心信念也會傷害你，讓你停滯不前，騙你認定任何風險都不值得承擔。

負面核心理念不可能一夕之間根除。有時你會覺得人生光明燦爛，有時，那些畫地自限的藉口又會捲土重來，這都很正常。記得要著眼大局，看到截至目前為止的進步，然後再試一次。

你開始重塑你對自己和世界的看法,更有信心一切都會好轉。下一章,你將鎖定你自己的恐懼。利用第一章學到的暴露療法工具,你將制訂計畫,一點一滴地克服可怕的情況。

以下的具體行動,可供你執行在本章學到的課題和點子。

1. 翻閱十或二十年前的日記、信件。有沒有什麼畫地自限的信念日後卻被推翻?想一想,證明自己錯了是多麼有意義。
2. 用可見的方式,秀出你正在建立的正面信念的證據。可以很簡單,例如把照片貼在冰箱上,提醒自己已經達到的目標、愛你的人有哪些。如果你願意多花點時間,可以做完整的拼貼牆,告訴自己,你受人所愛、有能力、心胸寬大等等。

3. 找一本書或電影來看，主題描述主角如何打破自己或他人的成見，取得了莫大成就。推薦名單包括琳達‧赫什曼*寫的《溫柔的正義：美國最高法院大法官奧康納與金斯伯格如何改變世界》、海倫‧凱勒的《海倫‧凱勒傳》、艾曼達‧布朗**的《金法尤物》（也改編為電影和音樂劇），以及約翰‧李‧漢考克***自編自導的《攻其不備》。

4. 想想周遭有哪些人比較支持正面信念，看看能否多和他們相處。同樣地，如果某些人總讓你對自己或世界感到負面消極，請限制自己和他們相處的時間。

5. 認真思索你看的新聞、節目如何影響你的信念。如果你不想再懷疑每個角落都有危險，可能應該少看犯罪劇和電視新聞。

———————————

* Linda Hirshman（一九四四～），美國律師、作家。
** Amanda Brown（一九七〇～），美國小說家。
*** John Lee Hancock（一九五六～），美國編劇、導演、製片，作品包括《心靈投手》《大夢想家》等。

第七章

面對恐懼

. . . .

「恐懼使我們專注於過去或擔心未來。如果我們能承認我們的恐懼，就能明白眼下的安好。現在，今天，我們依舊活著，我們的身體美妙地運作著，眼睛依然看得到美麗的天空，耳朵仍然聽得到所愛的人的聲音。」

——一行禪師*

你可以告訴自己，「沒什麼好怕的。」但光說還不夠。任何人想說服受驚的三歲孩子相信櫃子裡沒有怪物，都知道光靠語言徒勞無功。必須拿手電筒照衣櫃、到處戳、鼓勵他往裡看等等，才能讓孩子知道衣櫃沒問題。要改變信念，就得從最基本、最直覺的層面推翻它們。

這就是我們在本章要做的事。我們會拿燈照你害怕的東西，提供實用的工具和策略，讓你直視恐懼，才能更自信地向前邁進。我會一步一步引導你；請記住我在第二章就說過，我不會在你不會游泳時，就把你

---

* Thích Nhất Hạnh（一九二六～），著名佛教禪宗僧侶，作家、詩人，越南俗名是阮春寶。著有《正念的奇蹟》（2017，橡樹林出版）《和好：療癒你的內在小孩》（2020，自由之丘出版）等。

扔進深水區。此外，你在前幾章學到那麼多策略，面對恐懼遠比你想像的容易。

面對恐懼

記住，恐懼是人類進化過程自然又正常的本能。我們需要恐懼反應，才知道不要衝進車陣，不要將手放在熱爐子上。當然，如果恐懼沒有根據或被誇大，問題就來了。學會面對恐懼有強大的影響力，如果以井然有序的方式進行更有利，如暴露療法。

如何運作

我通常用輕鬆的例子描述暴露療法，減少人們對這個過程的焦慮。你可能記得一九九一年至二〇〇四年播出的卡通《淘氣小兵兵》。那部卡通透過幽默和同理心討論常見的童年經歷。

在「溜滑梯」那集，總是焦躁不安的查克・芬斯特想跟公園其他孩子一樣，開心玩溜滑梯。但是，他一抬頭，溜滑梯似乎很可怕。他的死對頭安潔莉卡取笑他，說他是「膽小鬼」。幸好查克有個好朋友湯米・皮克斯，湯米帶查克去找附近最聰明的孩子蘇西，蘇西願意幫忙。在蘇西的指導下，附近的小朋友幫查克克服恐懼，方法就是逐漸登高、玩輪胎盪鞦韆、拿風扇對著他的臉猛吹、在玩具車上狂飆。當他習慣登高和高速移動的感覺時，蘇西教他反覆告訴自己：「我是勇敢的大狗！」

當然，這集的結尾就是查克成功登上溜滑梯，享受滑下來的痛快。其他孩子問他如何克服恐懼，他回答：「我就是克服了，就這樣。」

為何有效

暴露療法之所以有效的原因之一就是透過**習慣化**的過程。你越習慣某件事情，越不會小題大作，就像是生活一部分的習慣。你不再注意到秋天吹葉機的聲音，或冰箱的嘎嘎聲不再讓你煩躁不安，那就是你已經習慣了。

暴露療法有效的另一個原因，就是改變你對某個狀況的預期。你會了解，可怕的事情發生的機率很小，就算真的發生了，你也能應對。人們成功完成暴露療法之後的評論如下：

- 「我感到焦慮時，也能正常生活。」
- 「焦慮會漸漸消失，不會天長地久。」
- 「我仍然不喜歡焦慮，但我知道我不會因此沒命。」
- 「我比我想像中堅強。」

建構等級

梅麗瑪將近五年前和丈夫埃薩德從波士尼亞移民美國。埃薩德在雜貨店工作，他們有兩個孩子，都在上學。梅麗瑪來美國一年後學會開車，但她不喜歡。埃薩德向她保證，她開車安全、稱職，但她仍對自己的駕駛能力感到焦慮，盡可能避免開車。她告訴他，孩子們還小，都在家裡，她不太需要開車。埃薩德週末開車帶她去辦事。如今孩子都上學了，她希望更獨立。她想去孩子的學校當志工，並在週間平日自己開車辦事。

梅麗瑪找上附近國際中心的諮商師，對方了解暴露療法。他們一起建構等級制度：讓梅麗瑪重新開車的詳細計畫。她已經會開車，但她需要對自己的能力有信心，並且克服恐懼。

建構等級的祕訣就是將恐懼分解成一系列的步驟，前幾項的難度較低，接著則是逐步增加。以下等級按照完成每一步所致的苦惱程度排列。

以下就是梅麗瑪的暴露等級。

輕度挑戰

（如果最焦慮的狀況是十級，這些項目都不超過三級。）

坐在駕駛座。
開出車道。
在丈夫陪同下繞著周邊道路行駛。
獨自繞著周邊道路行駛。

中度挑戰

（如果最焦慮的狀況是十級，以下是四到七級。）

在丈夫陪同下，在附近開車十分鐘。
獨自在附近開車十分鐘。
在丈夫陪同下，在住宅區街道左轉。
獨自在住宅區街道左轉。

（如果最焦慮的狀況是十級，以下是八到十級。）

在丈夫陪同下，在車流量不多的鬧區開車。

獨自在車流量不多的鬧區開車。

在丈夫陪同下，在車流量適中的鬧區開車。

獨自在車流量適中的鬧區開車。

注意梅麗瑪計畫先從小挑戰開始，也就是坐在車裡。你可能心想，「這太簡單了！」但對梅麗瑪來說，這足以導致輕微焦慮，所以這是一個好開始。從小事開始，不僅可以讓成功率提到最高，還能鼓勵她在難度逐漸提高時，願意繼續練習。

用「我的暴露療法等級」寫出你的計畫。記住，這是你的計畫，你的目標。請注意，梅麗瑪的等級中沒列出開上高速公路。她可能決定日後再加上，因為現在這一點對她獨立活動並不重要。制訂目標是為了達到平衡，這個計畫能幫你實現目標，又不至於讓你承受無謂的壓力。

我的暴露療法等級
輕度挑戰

中度挑戰

_____

_____

_____

高度挑戰

_____

_____

_____

如何執行暴露療法

1. 從等級的第一項開始，就是從輕度挑戰中挑選。

2. 進入該情境，執行暴露療法（例如梅麗瑪坐上駕駛座）。

3. 你的焦慮將逐漸提高，這就是表示暴露療法正在發揮功效。允許自己感受這些情緒，明白焦慮不會傷到你，你可以容忍。

4. 可以用呼吸技巧和應對句幫忙，但別讓這些方法害你分心。目標是學習焦慮並不危險，如果不讓自己充分體驗這些情緒，就學不到這一點。

5. 在焦慮開始減低前，請保留同樣的狀態。如果在過度焦慮時離開這個狀況，就會強化恐懼。一般而言，就是讓你在某種情況下停留夠長的時間，明白焦慮終究會消退，你也能處理。

6. 重複這一項，直到你覺得可以再做一次，而且不會太困難。你可能需要多次練習，然後就能進展到等級的下一項。

7. 在「我的暴露療法日誌」記錄每次經歷。

注意：如果你發現哪次暴露療法練習不順利，也許你的焦慮程度比設計等級時還要高，那麼偶爾也可以提前停止。不要養成這種習慣，但又要能控制自己進展的步調。這裡沒有輸贏；只要從比較簡單的項目開始逐次練習。

一旦開始，可能會發現，每次暴露療法的練習時間會逐漸縮短。因為你不斷累積經驗。梅麗瑪在住家附近開車進行中度挑戰時，她的身體已經平靜下來，已經不像以前一樣，光在車道上倒車就不斷發抖。

暴露療法日誌

我做了什麼	難度（輕度、中度或高度）	花費的時間	剛開始時的焦慮程度（一到十）	完成時的焦慮程度（一到十）

自信的精神支柱

有些習慣在短期之內可以增加自信心，長遠看來卻適得其反。心理學家稱之**安全行為**或**部分迴避行為**。也就是說有人面對恐懼時，依賴精神支柱，控制連帶產生的焦慮。看看以下例子是否似曾相識：

- 坐在教室或會議室後面，你就不必與人互動。
- 事前能先喝酒，你才會去參加聚會。
- 過度使用成癮物質應對害怕的情況（自我藥療）。
- 開會時從不提前到場，就能避免寒暄。
- 隨意擺弄手機，避免目光接觸。
- 拚命研究或過度準備，確保不會出錯。
- 身邊一定要有伴。
- 演講時，眼睛始終盯著筆記。

這些行為的問題在於你認為一切都很順利，因為你用了精神支柱。你沒有機會向自己證明，你可以靠自己成功。

成功的暴露療法的其他祕訣：

經常練習：如果兩次暴露療法之間的時間過久，就會失去動機和動力。

盡量減少分心：正如我先前所提，可以使用呼吸技巧和簡單的應對句，例如「我可以忍受焦慮，沒那麼糟糕」。如果你發現自己還需要許多例行公事，導致注意力分散，不能全心投入，就無法得到完整的好處。

鼓勵自己：無論特定的暴露療法練習是否順利，你都應該為自己的努力感到自豪。就像查克一樣，你是勇敢的大狗！

想像式暴露療法

有時你可能會受益於想像式暴露療法，這是讓自己在現實生活中習慣恐懼的另一種方法。原理都一樣，唯一的差異是在腦子裡進行暴露療法。想像式暴露療法可以避開人們在傳統暴露療法遇到的問題。如果梅麗瑪只是坐在車裡就焦慮怎麼辦？你可以進一步降低程度，先請她接近汽車，然後站在十呎外等等。或者她可以先想像場景，讓自己有心理準備。通常你會寫個簡短的劇本，盡可能多描述各種細節，特別要著墨於你擔心會發生的事情。要寫下所有令人不安的感覺，可能發生的想法，想像中他人的反應。一旦你在腦中適應這種暴露練習，就能在現實生活中進行。

學習處理失敗的恐懼

建立信心的最佳策略之一，就是把錯誤當成學習經驗。我知道這句話就像勵志海報的漂亮台詞，然而要創造豐富、充實的人生，精通失敗是不二法門。那麼失敗得漂亮的關鍵是什麼？

承認你的感受

我們理智上知道，失敗是種學習經驗，依舊不覺得有趣。情況不照計畫進行時，你的第一直覺是什麼？請勾選符合的選項。

☐ 我通常會遷怒某個人或某件事。
☐ 我多半責怪自己。
☐ 我避免想到那件事。
☐ 我暴飲暴食，揮霍無度，酗酒用藥，狂看電視等等。

想避免不舒服的感覺很自然。你可能記得，迴避會導致更大的痛苦。此外，迴避自己的感受，更難有效處理相關經驗，也就是你無法從中得到最大教訓。

感受某個經驗的直接和原始狀態，不麻木以對，需要勇氣。當然，如果你覺得喘不過氣，有時候就得稍事休息，分散注意力。這只是良性的自我照護。但不要迴避太久，要知道何時該回去體驗你的情緒。

不要給自己貼上失敗的標籤

犯錯不代表你是個失敗的人，犯錯是特定的行為或事件。說自己很失敗，是整體的自我批評。注意這種思緒的發展：

我在一次考試中犯了幾個錯誤。
我考試不及格。
我很失敗。

相反地，用更健康的心態看待這個問題：

我在考試中犯了幾個錯誤。

我考試不及格。

我必須去找教授談談，制訂補救計畫。

回想自己某次「失敗」的經驗。你能改寫故事，不至於譴責自己身為人的價值嗎？

_____

_____

_____

保持幽默感

幾個月前，外子參加心理學家研討會，主題是如何在法庭上提供專家的證詞。多數人一想到出庭作證就相當焦慮，演講目的之一就是教導聽眾如何處理陷阱題。主講人是傑出的法醫心理學家，有幾十年的法庭作證經驗，他說他依然會碰到不知如何回答的問題。天性嚴肅的主講人只能兩手一攤，感嘆：「我能說什麼？我就是一個有缺陷的人！」緊張的心理學家都如釋重負地大笑。這個故事真好。即使專家也是人。我為某個錯誤感到焦慮時，就會用這句話提醒自己：「嘿，我就是一個有缺陷的人！」對自己說了這句話之後，我就能迅速地評估（如果有需要）該如何糾正。

準備勝利的舞台

處理恐懼繼而培養自信是個大工程，但有幾件重要的事情可做，就能從一開始便提高成功率。以下祕訣可以幫助你善加利用自己的動機傾向。

培養好習慣

本章有許多技巧都需要認真付出。培養有效的習慣，努力工作就能得到莫大回報。培養習慣的方法之一稱為積習得利（habit stacking）。

公式如下：

在我＿＿＿＿＿＿＿之後，我將＿＿＿＿＿＿＿。

比如說，在我刷完牙之後，我將進行冥想。

想一個與本章有關又能納入一天作息的習慣。利用上面的公式，寫出計畫。

在我＿＿＿＿＿＿＿＿＿＿＿之後，我將＿＿＿＿＿＿＿＿＿＿＿。

把不假思索進行的慣例與想培養的新習慣配對。只要持之以恆，就能加強這種關聯，你自然而然地，輕鬆自在地從某項活動轉向另一項。

你可以加入另一個面向，就是環環相扣。也就是盡量不要跳過任何一天，導致「中斷紀錄」。你可以在日曆上標出你想培養的習慣，盡量不要跳過任何一天。對某些人而言，這種方法很能激勵人心。對其他人而言，錯過一天，可能就會覺得失敗，索性放棄。了解自己的個性，判斷這個建議對你是否有效。

養成良好習慣的另一個重點是安排時間。記下本章中想納入行程的項目，寫下來，無論是寫在實體日曆、手機的日曆應用程式，或任何規劃行程的軟體都好。多數專家會說，早上執行最困難的任務，因為意志力和活力會漸漸消退。但若不是晨型人，早上可能不是最佳時機。

最後一個祕訣是布置環境，支援目標。如果想讓瑜伽成為習慣，就把瑜伽墊放在看得到的地方。也可以嘗試拿瑜伽墊搭配你喜歡的東西。我知道有些人早上就坐在瑜伽墊上喝咖啡。喝完咖啡時，已經坐在墊子上，他們多半會接著做瑜伽。任何習慣都是起頭難。

改變壓力心態

即便為了建立自信，無論處理新計畫、面對害怕的狀況或離開舒適圈，身體都會自動將這些事情當成壓力來源。我們一直受到資訊轟炸，認為壓力有害於人：可能導致各種健康問題，從心臟病到癌症都有可能，更遑論焦慮、抑鬱和倦怠。心理學家凱莉‧麥高尼格[*]質疑我們長久以來對壓力的信念。在《輕鬆駕馭壓力》（2016，先覺出版）一書中，她分享許多研究，證明只要心態正確，壓力對你有益。

根據研究，壓力通常表示你看重的事物處於危急關頭。當然，如果你將其視為威脅，即使不是生死攸關，感覺也很糟糕。以搬家為例，你可能會對自己說：「我搬到新城市很緊張。如果我們沒有找到好社區，沒有交到很多新朋友，我一定很悲慘！」如果你回想第二章為價值觀所做的努力，就會發現壓力是努力工作、想盡辦法、隨機應變的契機。

---

[*] Kelly McGonigal（一九七七～），美國心理學家、作家。

首先，運用正念技巧注意到壓力，但不加以評判。接著問自己，哪件你看重的事情處於危急關頭，與你的價值觀有何關聯？也許這次搬家是實現你的價值觀的完美機會，你可以為家人提供更好的生活，為志同道合的社區付出。記得這個以價值觀為主的答案，告訴自己，壓力代表挑戰，不是威脅。提醒自己，搬家、落腳定居所需要的資源，你一樣都不缺。

我鼓勵你，在信心受到挑戰時，要用上有效的壓力管理技巧，如深呼吸和務實的自我對話。這些技巧是為了幫助你追求目標時更自在——不是因為壓力不利於你，出於恐懼而想擺脫壓力。

尋求支持

先人知道的社會支援（social support）——根據血緣、地理位置或宗教信仰形成的情誼——可能不適用於你。雖然這種情誼、交流有許多優點，但也有缺點，如僵化刻板、排他性。以往如果不符合某個特定模式，可能會遭到群體排斥。

現代人可能得刻意發展支援系統。你可以藉由這個機會，尋找志同道合的夥伴一起同行。如果你很內向，恐怕聽到就會心生恐懼，心想：「我無法走到別人面前，要求他們成為我的支援！」放心，這不是我的意思。你要做的是對自然而然出現的機會保持開放的心態，並且願意冒險，到新環境認識新朋友。

尋找可以在你的人生中扮演不同角色的人：

☐ 當你感到沮喪時，為你加油打氣。

☐ 願意關心你，聽你傾訴。

☐ 可以用有益的方式給你誠實的回饋。

☐ 可以提供實用資訊和支援。

添加你認為重要的其他內容：

☐

☐

準備、準備、再準備

準備是努力成功的基礎，這點毋庸置疑。無論是演講或樂隊演奏，如果沒有刻意持續練習，不可能有優異表現。以下提供砥礪每次練習和培養自信的方案：

1. 確定需要哪個或哪些技巧需要練習。如果擔心社交技巧不足，問問自己，「少了什麼？」你發現自己缺乏有趣的話題？你有很多話題，卻面無表情或冷漠疏離，以致別人懷疑你是否有興趣或是否正在傾聽？這時你就需要練習非語言溝通技巧。如果你正在準備提案報告，可能最需要琢磨引人入勝的開場白，或如何安排問答時間。

2. 實驗新技能。以非語言溝通為例，可能就是對鏡子練習，或把自己的表現錄下來。有人一開始可能需要誇大表情，慢慢再找到自然的中間點。這個建議可能有點嚇人，但請教別人的意見可能有幫助。

3. 利用想像力，為最好、最差和最可能的情況做準備。想像結果不理想，意識到你不會因此沒命，這種做法也能預防壓力。

4. 如果有可能，在實際環境練習。假設你要提案報告，能不能提前進入會場，仔細觀察環境？

5. 需要練習的技能可能會隨時間改變。掌握某個領域，又會有新的領域需要關注。
6. 只要準備妥當，不要在意後果。

對自己有耐性

個人成長所需的時間比我們預期的久，多數人都沒學過培養耐心。部分原因要歸咎於市場行銷和廣告：我們深信速戰速決才是常態。就連書籍例如本書，為了盡可能簡單地介紹，可能不知不覺讓讀者以為改變是個整齊劃一的過程。其實我和案主進行暴露療法時，我們可能會多次整理他們的暴露療法等級，還會碰上意外的挫敗。

請記住，多數人一生中都會重複經歷同樣的問題。這不是要打擊你，而是告訴你，人生不如意事十之八九，這都很正常。我們經常碰上類似的挑戰。每次面對問題和恐懼時，希望都有進步，但永遠有改善的空間。學習、成長和改變是終身不間斷。

耐心可以在日常小事中培養：

· 被困在雜貨店的冗長隊伍中。
· 車陣前進速度不如你預想的快。
· 孩子花「太長」的時間穿鞋。
· 等待電子郵件回覆。

當你覺得耐性受到考驗，就把這時當成更大挑戰的練習。乘機做簡短的正念練習。與某人進行四目交接，明白你不是孤軍奮戰。在心裡列出你要感激的事情。如果仍然感到沮喪，善待自己。細細咀嚼挫折感，注意身體哪裡緊繃，想辦法軟化那些肌肉。

做出承諾

　　起初面對恐懼可能令人卻步，但現在你已經學會可行的方法，比較容易處理。然而日常生活繁忙，你很容易分神。做出承諾可以加強決心，正式面對你的努力。首先，提醒自己面對恐懼的好處。之前那名害怕開車的波士尼亞移民梅麗瑪，寫下能開車的好處：

- 我可以更獨立。不必拜託丈夫開車，我也能自己出門。
- 為孩子樹立榜樣，教他們正面應對挑戰。
- 能完成這個目標，我會感到自豪。

　　提醒自己面對恐懼的好處：

_____

_____

　　接下來，預測哪些事情會妨礙你履行承諾。可能的情況包括情緒、負面的內心獨白、習慣不佳或缺乏支持。寫下你可能遇到的任何障礙，之後再寫下可能的解決方案。例如：

潛在的障礙：孩子都在身邊，我沒有時間練習暴露療法。
可能的解決方案：向鄰居媽媽建議輪流照顧孩子。

　　現在提筆寫寫看吧！

潛在的障礙：

_____

可能的解決方案：

潛在的障礙：

可能的解決方案：

潛在的障礙：

可能的解決方案：

　　現在根據考慮你列出的好處及潛在的障礙，寫下一個務實的承諾。你可以承諾每週練習三次暴露療法，每次三十分鐘。或者可以擴大承諾範圍，每天練習本書的項目，一次半小時。

　　我的務實承諾是：

　　「你必須遵守的最大承諾，就是對自己許下的承諾。」
──尼爾‧唐納‧沃許*

---

* Neale Donald Walsch（一九四三～），美國記者、主播、作家，著有《與神對話》系列（方智出版）。

挑戰恐懼：面對恐懼

面對恐懼，顯然會帶來很多，呃，恐懼！但重要的是，在熟悉本章的概念時，要釐清你感受到的阻力。也許你與家人或朋友曾有不愉快的經歷，他們認為「治癒」恐懼，最有效的方法就是強迫你立刻面對。儘管這與本章中的漸進式暴露療法不一樣，你可能厭惡任何面對恐懼的策略。

也許你在自信的精神支柱（見第144頁）找到自己的習慣，卻不知道如果不依賴自己的安全行為，該如何承受壓力排山倒海而來。寫下你對執行本章建議的恐懼和遲疑。

_____

_____

_____

_____

_____

_____

不想立刻開始用暴露療法也無所謂。記住，可以從想像式暴露療法開始。也可以考慮求助於訓練有素的心理學家，他們可以在暴露療法等級之外提供其他策略和問責方法。最後，你要知道，儘管剛開始會覺得暴露療法令人害怕，但完成第一個等級之後，自信會迅速提升。剛開始得到的動力，會幫助你執行之後的項目時更輕鬆，即使先前覺得那些步驟會令你更焦慮。

　　恭喜！現在你的工具箱裝滿提升自信的策略，我敢說你現在面對人生的態度已經有所改變。也許你去接孩子時，開始和其他家長攀談，或把握以前覺得不值得追求的機會。一點點的知識就有極大功效，現在就靠你繼續練習你在這本書學到的做法。下一章，我將教你如何將自信當成終身習慣。

執行項目

以下的具體行動，可供你執行在本章學到的課題和點子。

1. 如果社交場合是你最大的自信挑戰，請瀏覽心理學家艾倫・亨德里克森* 的網站：www.ellenhendriksen.com/mountains-to-molehills-challenge。她為社交焦慮的人擬訂一長串低風險挑戰清單，包括練習成為注意焦點和談論自己的方法。

2. 如果不排斥，就把你的暴露療法等級告訴親朋好友。請他們督促你經常練習，你能掌握某些項目之後也和你一起慶祝。

3. 乍聽之下可能很滑稽，如果你正對抗害怕失敗的恐懼，請故意犯錯。在公共場合絆倒，或故意把某個字唸錯。你會發現，隨之而來的尷尬不如你所擔心的糟糕。

4. 上網搜尋「失敗的履歷」。你會發現許多成功人士列出拒絕收他們的學校、創辦過的破產公司，以及他們沒應徵上的工作。如你所見，失敗無法定義一個人，只是放手一搏時的副產品。

5. 想辦法暫時把自信的精神支柱踢到一旁。在一週內，不要在社交場合玩手機，或者提前抵達所有會議，與同事聊天。

---

* Ellen Hendriksen，美國心理學家、作家，著有《如何克服社交焦慮》（目前僅有簡體中文版）。

第八章

邁開步伐

· ·

「一個人的目的地絕對不是某個地方，
而是看待事物的新方式。」

——亨利・米勒[*]

　　提高自信不是「一勞永逸」，必須不斷練習，往後肯定還會遇到高低起伏。有時一切都不順利，你會犯丟臉的錯誤，無法清楚表達意見，人們可能很粗魯，你只想回家，倒頭大睡。

　　這些日子無可避免，請記住你正在努力實踐的偉大目標。建立自信會減少恐懼和焦慮，提高動力、適應力，增進人際關係，加強真實自我意識。你不會因為幾次挫敗就放棄這些好處——你進步這麼多，千萬別走回頭路！現在你已經知道，進步是一點一滴累積而成。即使你覺得自己正在退步，也可以隨時回歸基本面，讓自己回到正軌。

[*] Henry Miller（一八九一～一九八〇），美國作家，作品包括《北回歸線》（目前僅有簡體中文版）等。

留在當下

信心來自行動，只有在當下才能採取行動。你已經知道，在腦中重播過去的錯誤千萬次——你要從中得到深刻見解，精益求精，也不必反覆思量到這個程度——會導致你無法採取行動，擔心未來可能行差踏錯，也會讓你裹足不前。

雖然我希望你讀完這本書之後，能夠振奮精神，準備追求目標，但你也不希望忙於追求下一個成就，忽略當下正在發生的美好事物。當你發現自己惦念著過去或只想著未來時，回顧你在第四章學到的正念。也可以翻到相關資源附錄（第167頁），培養正念技巧。

發展長期目標

發展長期目標的第一步是了解自己的進展。你在第一章完成自信量表（第32頁）。現在花點時間再做一次，用另外一張紙或不同顏色的筆。我敢說，如果你真心試過書中某些練習，答案將反映出你更有自信。記下你對有變化的項目和不變的項目的觀察。

在第二章，你為自己在許多生活領域如事業或家庭設定目標。回顧你為自己設定的目標。在底下空白處寫下你的進展，不要低估你的進度。

_____

_____

你學會本書介紹的技巧，嘗到成功的滋味之後，你會注意到其他領域也能應用這些方法。記得我在本書開頭提出的問題：如果你擁有足夠自信，會怎麼做？大膽想像你還能為自己設定哪些目標。

_____

_____

重做自信量表，審視你在第二章設下的目標，這些資訊將幫你擬訂長期目標。我覺得照時間分開規劃，頗有助益。

_____

下個月，我會：
_____

在接下來的三到六個月內，我會：
_____

在未來一年內，我會：
_____

寫下目標，定期審查，確保方向正確，光是這個簡單動作的力量就足以教你驚訝。你會發現自己更加注意周遭的潛在機會和人脈，因為你寫下承諾，決心改進。

接受挫折

　　進步通常不是連續不間斷。有時可以大步邁進，有時跌跌撞撞。我不指望你遇到挫折還能歡欣鼓舞，起初本能感到憤怒或失望之後，退一步問自己，「我在這裡能學到什麼？這個障礙背後藏著什麼機會？」記住，你從這本書收集許多技能，這些技能可以幫你應對任何失誤。當你碰到障礙，至少代表你正往目標前進。

　　以下附上一份工作表，建立自信遇到挫折或障礙時，就能派上用場。本書提到的許多技能都包括在內。

化障礙為機會

情況：

_____

_____

想法（我對自己說的話）：

_____

_____

_____

感受（隨之而來的情緒）：

_____

這種情況發生的機率（我所想的事情真正發生的可能性有多大？）：

_____

真的發生的後果（會有多糟？）：

_____

應對句（我可以對自己說哪些更務實、更能幫忙打氣的話？）：

_____

我將採取的行動：

_____

機會（我如何藉著處理這件事得到學習、成長）：

_____

_____

如果這不只是挫折呢？

　　儘管你努力遵循本書的建議，卻發現自信降到歷史最低點，怎麼辦？首先，要知道，這不是你的錯。你很勇敢，承認你有困難。請向你信任的人求助，讓他們知道你的感受。找人談談，可以幫你超乎預期地更快回到正軌。如果身邊沒有人可以扮演這個角色，請找稱職的心理健康專家。面對自信問題時，找專家是好主意；雖然親友也許可以聽你吐

苦水，卻無法幫你從谷底站起來。書末的相關資源附錄（第167頁）可以幫你找到心理健康專家。你和其他人一樣，都值得擁有自信和隨之而來的平靜和幸福，充滿愛心的心理相關從業人員可以創造奇蹟，幫你到達那個境界。

繼續練習

　　信心就像肌肉：如果不堅持鍛鍊，可能會發現相關技巧逐漸減弱。花時間看看你在這本書上添加的筆記。哪些練習對你幫助最大？你是否發現橫膈膜呼吸能幫助你鎮靜？你還在練習、運用這項技能嗎，還是鬆懈了呢？追蹤你的想法呢？還在寫想法日記嗎？不必每天寫，但最好定期記錄，就能提防錯誤思維悄悄鑽回來。你還在挑戰自己，面對害怕的情況嗎？

　　用這段時間設計自己的自信工具包，逐章閱讀這本書，記下你今後要多注意的技能、技巧和想法。寫在底下，按照助益程度排列順序。

不要讓挫折阻止你

當你在建立自信的路上遇到障礙時，請回顧這些提示。你一定會注意到，有幾個是先前介紹的概念。我們往往要讀好幾遍才會真正消化吸收。

期待挫折：改變需要時間，也需要頻繁的嘗試。多數抽菸者在徹底戒菸前都需要嘗試五到七次。這幾次的嘗試是失敗，抑或最終成功的一環？

檢測壓力：身體或心理壓力提高，可能就是你苦苦掙扎的原因。

自我疼惜：寫下自我疼惜的活動，而且優先執行，就像制訂保單。

堅持下去：如果計畫涉及特定活動——寫想法日記或練習正念——即使做得很好，也不要停下來。有時反而是一切順利，而非壓力重重，導致你鬆懈。

再次投入：提醒自己有哪些目標和深切關心的事物。再次投入，參與符合你的價值觀的活動。

記住你只是凡人：我們都不完美，這是人性。提醒自己，每個人都會碰到挫折。

能笑的時候就笑：培養幽默感可以幫你欣然接受人生高低起伏。

尋求支持：如果你覺得「搞砸了」的感覺很糟糕，你的第一直覺可能是躲進洞裡，但這時你才最需要求援。

鼓勵自己：提醒自己已經做過的步驟，無論你覺得有多微不足道。

重新開始：不必等到明天或週一才開始做該做的事情。你下一刻就可以實現自己的想法。

最後一個建議是每週設定簽到時間，重新看這本書。設計成你會滿心期待的開心活動。給自己泡杯茶或愛喝的飲料，放些讓你心情開朗的音樂。重讀你認為特別有幫助的段落，記下你下一週想著重的領域。

世界需要一個自信的你

「只要了解自己的潛力，對自己的能力有信心，
我們就能建立一個更好的世界。」

──達賴喇嘛

無論對方是否知曉，想想對你生命有莫大影響的人。也許是在你最需要時逗你開心的朋友或伴侶，也許是作曲家，他的作品感動你，陪你度過艱難時刻。也許是鄰里的領導人或某個歷史人物，他們傳達的信息、願景和奉獻激勵你繼續努力。

現在想像一個截然不同的世界──在這個世界，這個人決定隱姓埋名。想像你的情人始終沒鼓起勇氣約你出去，因為對方認為很有可能遭到拒絕。想像你最愛的作曲家從未發行專輯，因為他們自認作品毫無價值。再想像那位鼓舞人心的領袖始終拿不出勇氣，無法捍衛你看重的原則。

你生命中覺得美好或愉悅的事物之所以存在，是因為有人決定為你努力。他們可能嚴重懷疑自己所做的事情，或恐懼到近乎麻痺，卻為了價值觀而貫徹到底。他們走出大門，勇敢接受關注和批評，世界因此變得更美好。

你可以和你的偶像一樣勇敢。有了這本書的工具，你已經準備不再深藏不露。無論心裡的聲音如何批評，你知道如何採取重要步驟，實現你看重的價值觀。你剛建立的自信是把鑰匙，可以開啟長久受困的獨特天賦。現在，你可以展現天分——每當你這麼做，世界就會變得比以前更美好。我們其他人都感激你大放光芒。

相關資源附錄

接受與承諾療法

《快樂是一種陷阱》羅斯‧哈里斯著（2009，張老師文化出版）

《跳出頭腦，融入生活》史蒂文‧海斯著（目前僅有簡體中文版）

焦慮症

《與焦慮和解》 愛麗絲‧博耶斯著（2019，高寶出版）

《如何克服社交恐懼》 艾倫‧亨德里克森著（目前僅有簡體中文版）

《尷尬至極》芭芭拉‧馬克威、雪洛‧卡明、C‧亞歷克‧波拉德和泰瑞莎‧弗林著
（Dying of Embarrassment by Barbara Markway, Cheryl Carmin, C. Alec Pollard, and
Teresa Flynn）（目前尚未有中文版）

《再也不怯場》 芭芭拉‧馬克威、葛雷格‧馬克威著（2003，張老師文化出版）

美國躁鬱症和憂鬱症學會：adaa.org

體形意象和飲食失調

《健康胖，健康瘦》 琳達‧貝肯著（Health at Every Size by Linda Bacon）（目前尚
未有中文版）

《自我疼惜飲食》 琴‧費恩著（The Self-Compassion Diet by Jean Fain）（目前尚
未有中文版）

美國飲食失調協會：nationaleatingdisorders.org

認知行為療法

〈50種常見的認知扭曲〉，愛麗絲・博耶斯二〇一三年一月十七日刊載於
《今日心理學》的文章：https://www.psychologytoday.com/us/blog/in-prac-
tice/201301/50-common-cognitive-distortions
《與焦慮和解2》愛麗絲・博耶斯著（2020，高寶出版）
《情緒平復練習: 認知行為治療實作指南》賽斯・吉爾罕著（2021，晨星出版）
《重新訓練你的大腦》賽斯・吉爾罕著（Retrain Your Brain）（目前僅有簡體中文版）

自信

《姿勢決定你是誰》艾美・柯蒂著（2016，三采文化出版）
《信心的差距》羅斯・哈里斯著（The Confidence Gap by Russ Harris）（目前尚未
有中文版）
《信心密碼》凱蒂・肯和克萊爾・施普曼著（The Confidence Code）（目前僅有簡體中
文版）
《女孩的自信密碼》凱蒂・肯和克萊爾・施普曼著（The Confidence Code for Girls
by Katty Kay and Claire Shipman）（目前尚未有中文版）

抑鬱症

《藍色之外》泰蕾絲・波查德著（Beyond Blue by Therese Borchard）（目前尚未有中文版）
《發現幸福》依立夏・高斯坦著（Uncovering Happiness by Elisha Goldstein）
（2012，財信出版）
幫助應對抑鬱症的資源列表：www.everydayhealth.com/depression/guide/resources

尋求協助

〈有效的心理治療師該具備的十三個品質〉，蘇珊・克勞斯・惠特伯恩（Susan
Krauss Whitbourne）二〇一一年八月八日刊載於《今日心理學》的文章：www.psychology-
today.com/us/blog/fulfillment-any-age/201108/13-qualities-look-in-effective-psychotherapist

尋找接受與承諾療法治療師：contextualscience.org/tips_for_seeking_therapist
尋找CBT治療師：www.findcbt.org/FAT/
美國國家自殺預防生命線：suicidepreventionlifeline.org；1-800-273-8255

內向

《安靜，就是力量》蘇珊‧坎恩著（2019，遠流出版）
「內向者的力量」，蘇珊‧坎恩二〇一二年二月於TED發表的演講：https://www.ted.com/talks/susan_cain_the_power_of_introverts

正念

《真正的避難所》塔拉‧布萊克著（True Refuge by Tara Brach）（目前尚未有中文版）
《未提出的建議》馬克‧愛普斯坦著（Advice Not Given by Mark Epstein）（目前尚未有中文版）
《為煩躁的懷疑論者提供的冥想》丹‧哈里斯著（Meditation for Fidgety Skeptics by Dan Harris）（目前尚未有中文版）
《回家的路》伊森‧尼岑著（The Road Home by Ethan Nichtern）（目前尚未有中文版）
《真正的幸福》雪倫‧薩爾茲堡著（Real Happiness by Sharon Salzberg）（目前尚未有中文版）
冥想應用軟體：www.healthline.com/health/mental-health/top-meditation-iphone-android-apps

韌性

《力挺自己的12個練習》瑞克‧韓森與佛瑞斯特‧韓森著（2019，天下雜誌出版）

自我疼惜

《全然接受這樣的我》塔拉‧布萊克著（2018，橡樹林出版）
《自我疼惜的正念之路》克里斯多弗‧葛摩著（The Mindful Path to Self-Compassion by Christopher K. Germer）（目前尚未有中文版）

《寬容，讓自己更好》克莉絲汀‧聶夫著（2013，天下文化出版）

《自我疼惜的51個練習》 克莉絲汀‧娜芙與克里斯多弗‧葛摩著（2021，張老師文化出版）

更多關於自我疼惜的內容（包括評估）：self-compassion.org

壓力

《輕鬆駕馭壓力》凱莉‧麥高尼格著（The Upside of Stress by Kelly McGonigal）（2016，先覺出版）

「如何讓壓力成為你的朋友」，凱莉‧麥高尼格二〇一三年六月於TED發表的演講：www.ted.com/talks/kelly_mcgonigal_how_to_make_stress_your_friend

感謝辭

我們要感謝編輯蘇珊・藍道爾（Susan Randol）對這本書的指導和支援。我們也要感謝葛雷格・馬克威（Greg Markway），謝謝他讀草稿，提醒我們哪些段落太俗氣。謝謝傑西・馬克威（Jesse Markway），他既有福氣，又有才華，是我們之間的橋梁，有他才有這本書。即使西莉亞開玩笑說，她內心的批評者名叫「負面的南西和尼爾」，其實那是她的父母南西・馬奇（Nancy March）和尼爾・安佩爾（Neil Ampel），他們一直支持她寫書的夢想。

你可以敏感，
但不要被敏感控制：
在生活中找到駕馭自己，
增加能力的高敏感族練習題

作者：愛曼達・卡熙兒博士
（AMANDA CASSIL, PHD）

譯者：梁若瑜

★ 一本重新認識自我的人生補充教材 全面幫助人生的最強練習題★
★作家高愛倫專文感動推薦★

暢銷心靈作家 柚子甜｜網路作家 忘遇珍｜心理學 YouTuber 一郎人生
親職溝通作家與講師 羅怡君｜街頭故事創辦人 李白　短文大力推薦

你幹嘛想那麼多！你很神經質耶！
你只不過是想得深一點，情緒的強度高一點，
對環境意識活躍一點，反應的時間長一點……這樣錯了嗎？

從生活、工作、人際關係、家庭溝通開始練習，
在不同的場合與環境中利用本書找出最真實的自我，
學習更了解自己，更認識自己。
這本書的目標，並不是要「治療」你，讓你變得不再高敏感，
而是要協助你，讓你擁有駕馭高敏感特質的能力，
做出最棒的決定，繼續往前走，活出更精采的自信人生。

關係練習題：

從我們最喜愛的事物開始回答

作者：艾莉西亞‧姆諾茲（Alicia Muñoz）

譯者：陳錦慧

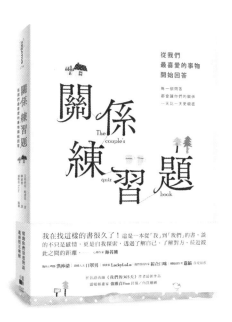

★臨床心理師 洪仲清 真心推薦★

心理作家 海苔熊｜最暖人夫 口罩男｜插畫家 LuckyLuLu
最閃情侶作家 綜合口味｜網路創作者 囂搞　真愛推薦

每一個問答，都會讓你們的關係一天比一天更親密。
好的親密關係最重要的關鍵因素，就是優質的溝通。

你知道另一半看到什麼會抓狂嗎？
你知道另一半傷心時，你做什麼事？說什麼話？可以安慰另一半？

本書數百道輕鬆問答可以幫助你們深度對談，發掘對方全新的一面，共度愉快時光。
一起回味過去的歲月，深入觀察此時此刻，以彼此的關係為基礎共創幸福的未來。
這些饒富深意的問答從基礎慢慢深入，五花八門的題目適合處於關係任何階段的你們。

你們不會漸行漸遠，你們不會互相嫌惡，愛已成往事；
而是彼此成長激勵，每個問答都讓你們重新找到連結彼此的核心，
越來越愛，越愛越幸福。

給自己
10樣人生禮物
（新版）

成就動詞型的生命地圖
就在這10個關鍵

作者：褚士瑩

★系列銷售超過 100000 冊 慶祝暢銷新版上市★

作家 山女孩 Kit｜金鐘獎旅遊節目主持人 廖科溢　真誠推薦

對自己友善、對別人友善、對生活友善、對自然友善，
就會找到屬於自我風格的、沒有疑惑的，也不會後悔的生活方式！
只要掌握 10 個關鍵禮物，就能打開熱愛生命的地圖，擁抱充滿自信的人生！

太多人問他：你怎麼辦到的？
太多人羨慕他的無國界價值觀，
太多人欣賞他的夢想與現實的結合力，
但他卻想說：我給自己 10 樣人生禮物，
形成了自己熱愛的生命地圖，你們一定也可以的，
但最重要的是，我已經打開它！使用它了。

看見自己說的話：

9堂雙向思考練習，
解鎖你的對話力

作者：褚士瑩

★褚士瑩最新力作 2021.10 熱銷上市★
★24道褚士瑩精心設計的課後作業練習，獨家解鎖對話的障礙！★

設計菜單可以看見對話力？獨唱還是合唱可以找到自己的聲音？
壓力特別大想吃什麼就是你和世界的關係？

我們常常會遇到很難溝通的「大人」，
但偏偏這些大人可能是我們的主管、父母、老師、長輩；
我們常常與別人話不投機，很難聊，
最後結論是「你有你的邏輯，我有我的邏輯」結束對話。
自己說的話，沒人聽；別人說的話，聽不懂。

本書介紹的九個工具，都是他這幾年在「對話力」哲學思考工作坊中，
覺得最重要的對話工具，同時也是九把進入思考的鑰匙，
讓你能夠安心的打開一扇通往邏輯的窗戶，
窺探思考對話的世界，體驗能在日常生活中踐行的哲學。

Creative 166

你會比昨天更堅強
心理學家為你量身打造的自信心練習題

作　　者｜芭芭拉‧馬克威／西莉亞‧安佩爾
譯　　者｜林師祺

出 版 者｜大田出版有限公司
台北市一〇四四五 中山北路二段二十六巷二號二樓
E - m a i l｜titan@morningstar.com.tw　http：//www.titan3.com.tw
編輯部專線｜(02) 2562-1383　傳真：(02) 2581-8761

總　編　輯｜莊培園
副 總 編 輯｜蔡鳳儀
行 銷 編 輯｜陳映璇
行 政 編 輯｜林珈羽
校　　對｜黃薇霓／黃素芬
內 頁 美 術｜陳柔含

初　　刷｜二〇二一年十月十二日　定價：三八〇元

網 路 書 店｜http://www.morningstar.com.tw（晨星網路書店）
TEL：04-23595819 FAX：04-23595493
購書 Email｜service@morningstar.com.tw
郵 政 劃 撥｜15060393（知己圖書股份有限公司）
印　　刷｜上好印刷股份有限公司

國 際 書 碼｜978-986-179-676-5　CIP：177.2/110010406

① 立即送購書優惠券
② 抽獎小禮物
填回函雙重禮

國家圖書館出版品預行編目資料

你會比昨天更堅強／芭芭拉‧馬克威、西莉亞
‧安佩爾著；林師祺譯.
　　——初版——台北市：大田，2021.10
面；公分. ——（Creative；166）

ISBN 978-986-179-676-5 （平裝）

177.2　　　　　　　　　　　　　110010406

The SELF-CONFIDENCE WORKBOOK © 2018 Callisto
Media, Inc.
All rights reserved.
First published in English by Althea Press, a Callisto
Media, Inc. imprint
Complex Chinese translation rights arranged through
The PaiSha Agency.

版權所有　翻印必究
如有破損或裝訂錯誤，請寄回本公司更換
法律顧問：陳思成